LITERATUR
UND
METHODE

Zugänge zur Lyrik

Text- und Arbeitsbuch

von
Dr. Ekkehart Mittelberg

Cornelsen

Bildnachweis für den Umschlag: Ingeborg Bachmann. Foto: Renate von Mangoldt, Berlin. Bertolt Brecht. Foto: Gerda Goedhart/Suhrkamp Verlag, Frankfurt/Main. Clemens Brentano. Foto: Freies Deutsches Hochstift/Goethemuseum, Frankfurt/Main. Hans Magnus Enzensberger. Foto: Isolde Ohlbaum, München. Annette von Droste-Hülshoff. Foto: Landesdenkmalamt Westfalen-Lippe, Münster. Johann Wolfgang von Goethe. Foto: Freies deutsches Hochstift/Goethemuseum, Frankfurt/Main. Andreas Gryphius. Foto: Bildarchiv Preußischer Kulturbesitz, Berlin. Friedrich Hölderlin. Foto: Schiller-Nationalmuseum, Marbach am Neckar. Else Lasker-Schüler. Foto: Kösel-Verlag, München. Eduard Mörike. Foto: Schiller-Nationalmuseum, Marbach am Neckar. Rainer Maria Rilke. Foto: Schiller-Nationalmuseum, Marbach am Neckar. Walther von der Vogelweide. Foto: Universitätsbibliothek, Heidelberg.

3. Auflage 1993
Alle Drucke dieser Auflage können, weil untereinander unverändert, im Unterricht nebeneinander verwendet werden.

Satz: Robert Hurler GmbH, Notzingen
Druck: Saladruck, Berlin
ISBN 3-454-50230-6
Bestellnummer 502306

INHALT

1 VORWORT

Als Benutzer dieses Arbeitsbuches sollen Sie darüber informiert werden, welche Zugänge zur Lyrik es aufzeigt. Der Bearbeiter hat darauf geachtet, unterschiedliche methodische Wege in einem selbständigen Kapitel zu verdeutlichen (4) und die wichtigsten Zugänge zur Lyrik, nämlich über epochentypische Gedichte, über politische Lyrik und über religiöse Gedichte mit je einem Kapitel vorzustellen. Damit dürfte der Rückgriff auf weitere Anthologien nicht notwendig sein. Um unterschiedlichen Bedürfnissen Rechnung zu tragen, sind die Kapitel 2–7 als Einstieg austauschbar und untereinander kombinierbar.

Im folgenden wird die Verwendung des Arbeitsbuches beschrieben, die dem Bearbeiter als sinnvoll erscheint.

Zunächst können Sie sich durch einige gedankliche Texte zu zentralen Problemen der Lyrik-Diskussion kundig machen (Kapitel 2). Die Tendenz dieser Texte wird schon durch die Überschriften deutlich. Wenn Sie sie anfangs übergehen, können sie bei aktuellem Anlaß zur Erörterung herangezogen werden.

Es bleibt Ihnen überlassen, ob Sie sich zunächst einen Überblick über Gedichte aus verschiedenen Epochen verschaffen und die Beispiele unter unterschiedlichen Gesichtspunkten interpretieren wollen (Kapitel 3) oder ob Sie es vorziehen, sich die methodischen Zugänge systematischer durch die Beispiele aus dem Kapitel 4 zu erarbeiten. Die Arbeitsanregungen zu Kapitel 4 sind ohne Kenntnis des Kapitels 3 nachvollziehbar. Wenn Sie sich an die Reihenfolge des Buches halten, bedeuten die Arbeitsaufträge des Kapitels 4 Festigung und Vertiefung zugleich. Über die Zielsetzungen des 4. Kapitels „Unterschiedliche methodische Zugänge“ unterrichtet Sie eine eigene Einführung.

Die Praktikabilität der Arbeit mit diesem Lyrik-Band unter verschiedenen Gesichtspunkten soll u. a. durch die Grundbegriffe der Lyrik (Kapitel 8) gesichert werden, auf die Sie ständig angewiesen sind. Das Kapitel 9 bietet außerdem die Möglichkeit, die Reihenfolge der Gedichte unter anderen Aspekten anzuordnen.

Die Abkürzungen unter den Gedichten (e) und (v) informieren Sie über die Zeit ihrer Entstehung bzw. Erstveröffentlichung. Außerdem sind im Inhaltsverzeichnis die Lebensdaten der Dichter beigegeben. Textauszüge wurden vom Herausgeber mit Überschriften in eckigen Klammern versehen. Es handelt sich also nicht um eine Originalüberschrift des jeweiligen Verfassers. Fußnoten in eckigen Klammern bedeuten, daß diese aus dem Originaltext übernommen wurden.

Der Herausgeber wünscht Ihnen Freude und Erfolg bei Ihrer Arbeit und ist für weitere Anregungen dankbar.

Ekkehart Mittelberg

2 BRENNPUNKTE DER LYRIKDISKUSSION

T. S. Eliot
Der Sinn des Gedichts

Ein Gemeinplatz ist die Beobachtung, daß der Sinn eines Gedichts sich der Umschreibung gänzlich entziehen kann. Nicht ganz so gemeinplätzig ist die Beobachtung, daß der Sinn eines Gedichts weiter reichen kann als die bewußte Absicht seines Dichters, und daß er sich von den Ursprüngen des Gedichts weit entfernen kann ...

Läßt sich, wie wir gewahren, nur ein Teil des Sinnes durch Umschreibung vermitteln, so liegt das daran, daß der Dichter an Grenzen der Bewußtheit gebunden ist, jenseits derer die Worte versagen, obwohl Sinngehalte noch vorhanden sind. Ein Gedicht kann offenbar für verschiedene Leser sehr Verschiedenes bedeuten, und alle diese Bedeutungen können von denjenigen verschieden sein, die der Verfasser im Sinne hatte. So mag zum Beispiel der Verfasser ein besonderes persönliches Erlebnis dichterisch festgehalten haben, das so, wie er es sah, in keinerlei Beziehung zu einem äußeren Anlaß stand; für den Leser jedoch kann das Gedicht der Ausdruck einer allgemeinen Situation oder eines eigenen, persönlichen Erlebnisses werden. Die Deutung des Lesers kann von der des Verfassers abweichen und doch ebenso gültig – ja, sie kann sogar besser sein. Es kann viel mehr in einem Gedicht liegen, als dem Verfasser bewußt war. Die verschiedenen Deutungen können lauter Teilformulierungen desselben Sachverhaltes sein; die Sinnverschiedenheiten können auf der Tatsache beruhen, daß das Gedicht mehr und nicht weniger bedeutet, als sich in gewöhnlicher Sprache mitteilen läßt.

(aus: Musik im Vers. – In: Der Vers. Vier Essays, deutsch von G. Hensel. Frankfurt/Main: Suhrkamp 1952)

1. Welche Frage ist für Eliot von grundsätzlicher Bedeutung?
2. Erläutern Sie: Weshalb ist es möglich und zulässig, daß der Leser zu einer anderen Deutung eines Gedichts kommen kann als sein Verfasser?
3. Bei der Deutung eines Gedichtes, so wie Eliot sie versteht, kommen mindestens zwei Erlebnisse (Erfahrungen) zusammen. Welche sind diese?
4. Eliot könnte so mißverstanden werden, als sei es letztlich gleichgültig, wie ein Gedicht interpretiert wird. Mit welchem Satz beugt er diesem Fehlschluß vor?
5. Versuchen Sie, über Eliot hinausgehend, selbst noch etwas zu benennen, woran der Interpret eines Gedichtes gebunden ist, etwas, das die Beliebigkeit von Interpretationen verhindern kann.

Gottfried Benn
[Kritik am sogenannten modernen Gedicht]

Ich stelle mir (...) vor, Sie richten jetzt an mich die Frage, was ist eigentlich ein modernes Gedicht, wie sieht es aus, und darauf antworten werde ich mit negativen Ausführungen, nämlich, wie sieht ein modernes Gedicht *nicht* aus.

Ich nenne Ihnen vier diagnostische Symptome, mit deren Hilfe Sie selber in Zukunft unterscheiden können, ob ein Gedicht von 1950 identisch mit der Zeit ist oder nicht. Meine Beispiele nehme ich aus bekannten Anthologien. Diese vier Symptome sind: *erstens* das Andichten. Beispiel: Überschrift „Das Stoppelfeld".

Erster Vers: „Ein kahles Feld vor meinem Fenster liegt
jüngst haben sich dort schwere Weizenähren
im Sommerwinde hin und her gewiegt
vom Ausfall heute sich die Spatzen nähren."

So geht es drei Strophen weiter, dann in der vierten und letzten kommt die Wendung zum Ich, sie beginnt:

„Schwebt mir nicht hier mein eignes Leben vor"

und so weiter.

Wir haben also zwei Objekte. Erstens die unbelebte Natur, die angedichtet wird, und am Schluß die Wendung zum Autor, der jetzt innerlich wird oder es zu werden glaubt. Also ein Gedicht mit Trennung und Gegenüberstellung von angedichtetem Gegenstand und dichtendem Ich, von äußerer Staffage und innerem Bezug. Das, sage ich, ist für heute eine primitive Art, seine lyrische Substanz zu dokumentieren. Selbst wenn sich der Autor dem von Marinetti[1] geprägten Satz: détruire le Je dans la littérature (das Ich in der Literatur zerstören) nicht anschließen will, er wirkt mit dieser Methode heute veraltet. Ich will allerdings gleich hinzufügen, daß es herrliche deutsche Gedichte gibt, die nach diesem Modell gearbeitet sind, zum Beispiel Eichendorffs Mondnacht, aber das ist über hundert Jahre her.

Das *zweite* Symptom ist das WIE. Bitte beachten Sie, wie oft in einem Gedicht „wie" vorkommt. Wie, oder wie wenn, oder es ist, als ob, das sind Hilfskonstruktionen, meistens Leerlauf. Mein Lied rollt wie Sonnengold – Die Sonne liegt auf dem Kupferdach wie Bronzegeschmeid – Mein Lied zittert wie gebändigte Flut – Wie eine Blume in stiller Nacht – Bleich wie Seide – Die Liebe blüht wie eine Lilie – Dies Wie ist immer ein Bruch in der Vision, es holt heran, es vergleicht, es ist keine primäre Setzung. Aber auch hier muß ich einfügen, es gibt großartige Gedichte mit WIE. Rilke war ein großer WIE-Dichter. In einem seiner schönsten Gedichte „Archaischer Torso Apollos" steht in vier Strophen dreimal WIE, und zwar sogar recht banale „Wies": wie ein Kandelaber, wie Raubtierfelle, wie ein Stern – und in seinem Gedicht „Blaue Hortensie" finden wir in vier Strophen viermal WIE: Darunter: wie in einer Kinderschürze – wie in alten Briefpapieren – nun gut, Rilke

[1] Filippo Tommaso Marinetti, geb. 1876 in Alexandria, gest. 1944 in Bellagio. Begründer des Futurismus und überzeugter Anhänger des italienischen Faschismus. Sein „Futuristisches Manifest", das er am 20. 2. 1909 im Pariser „Figaro" veröffentlichte, proklamiert in forciertem Pathos den Bruch mit allen Stilformen der Vergangenheit, besonders mit dem literarischen Ästhetizismus („Ein brüllendes Automobil ist schöner als die Nike von Samothrake").

konnte das, aber als Grundsatz können Sie sich daran halten, daß ein WIE immer ein Einbruch des Erzählerischen, Feuilletonistischen in die Lyrik ist, ein Nachlassen der sprachlichen Spannung, eine Schwäche der schöpferischen Transformation.

Das *dritte* ist harmloser. Beachten Sie, wie oft in den Versen Farben vorkommen. Rot, purpurn, opalen, silbern mit der Abwandlung silberlich, braun, grün, orangefarben, grau, golden – hier glaubt der Autor vermutlich besonders üppig und phantasievoll zu wirken, übersieht aber, daß diese Farben ja reine Wortklischees sind, die besser beim Optiker und Augenarzt ihr Unterkommen finden. In bezug auf eine Farbe allerdings muß ich mich an die Brust schlagen, es ist: Blau – (...)

Das *vierte* ist der seraphische Ton. Wenn es gleich losgeht oder schnell anlangt bei Brunnenrauschen und Harfen und schöner Nacht und Stille und Ketten ohne Anbeginn, Kugelründung, Vollbringen, siegt sich zum Stern, Neugottesgründung und ähnlichen Allgefühlen, ist das meistens eine billige Spekulation auf die Sentimentalität und Weichlichkeit des Lesers. Dieser seraphische Ton ist keine Überwindung des Irdischen, sondern eine Flucht vor dem Irdischen. Der große Dichter aber ist ein großer Realist, sehr nahe allen Wirklichkeiten, (...) er belädt sich mit Wirklichkeiten, er ist sehr irdisch, eine Zikade, nach der Sage aus der Erde geboren, das athenische Insekt. Er wird das Esoterische und Seraphische ungeheuer vorsichtig auf harte realistische Unterlagen verteilen. –

(...)

Wenn Sie also in Zukunft auf ein Gedicht stoßen, nehmen Sie bitte einen Bleistift wie beim Kreuzworträtsel und beobachten Sie: Andichten, WIE, Farbenskala, seraphischer Ton, und Sie werden schnell zu einem eigenen Urteil gelangen.

(...)

(aus: Gottfried Benn, Probleme der Lyrik. – In: Gesammelte Werke in 4 Bänden, hg. von Dieter Wellershoff. Bd. 1 Essays, Reden, Vorträge. Stuttgart: Klett-Cotta [4]1977)

Ezra Pound
Sprache

Verwende kein überflüssiges Wort, kein Adjektiv, das nicht irgend etwas enthüllt!

Verwende nicht Ausdrücke wie „dunkles Land des Friedens!“ Sie trüben das Bild. Sie vermengen Abstraktes mit Konkretem. Sie kommen aus der mangelnden Einsicht des Schreibenden, daß der natürliche Gegenstand stets das *angemessene* Sinnbild ist.

Hüte dich vor Abstraktionen! Erzähle nicht in mittelmäßigen Versen, was bereits in guter Prosa gesagt wurde. Glaube nicht, daß sich ein kluger Mensch hinters Licht führen läßt, wenn du dich um die Schwierigkeiten der unsagbar schweren Kunst guter Prosa drückst, indem du deine Arbeit in regelmäßige Zeilen hackst! Was der Kenner heute satt hat, wird das Publikum morgen satt haben.

Glaube nicht etwa, daß die Dichtkunst einfacher sei als die Kunst der Musik oder daß du den Kenner befriedigen kannst, solange du dir nicht mindestens soviel Mühe mit der Dichtkunst gegeben hast wie der durchschnittliche Klavierlehrer mit der Kunst der Musik.

Laß dich von so vielen großen Künstlern, wie du magst, beeinflussen, aber sei so anständig, den Einfluß zuzugeben, oder versuche, ihn nicht offen hervortreten zu lassen.

Laß dir „Einfluß" nicht lediglich bedeuten, daß du das eigentümlich schmückende Vokabular von ein oder zwei Dichtern, die du gerade bewunderst, aufsaugst. Ein türkischer Kriegsberichterstatter wurde neulich dabei ertappt, wie er in seinen Depeschen von „taubengrauen Hügeln" faselte – oder waren es „perlenbleiche"? – ich entsinne mich nicht mehr genau.

Verwende keinen Zierat oder guten Zierat.

(aus: Ein Rückblick, 1917. – In: Ezra Pound, motz el son (= provenzalisch). Wort und Weise. Eine Didaktik der Dichtung, hg. und übertragen von Eva Hesse. Sammlung Horizont. Zürich: Verlag der Arche 1957)

1. Auf welche Weise versuchen Benn und Pound zu beantworten, was ein modernes bzw. „akzeptables" Gedicht sei?
2. Suchen Sie aus Kalendern, Zeitungen und Poesiealben Gedichte heraus, die der Negativbeschreibung Benns und Pounds entsprechen.
3. Machen Sie sich klar, welche Ebene der Beschreibung Benn und Pound wählen und welche sie außer acht lassen.

Hilde Domin
[Das Gedicht als Gebrauchsartikel]

Das Gedicht, selbständig geworden, ist also eine Art Gegenstand, den Dritte ‚brauchen', das heißt: dessen sie bedürfen und dessen sie sich auch bedienen können. Man hat gesagt, daß das Gedicht ein Gebrauchsartikel sei wie jeder andere. Enzensberger legte seinem zweiten Lyrikband *Landessprache* eine Gebrauchsanweisung bei („Gebrauchsanweisung für unerschrockene Leser"), wobei er nur Brechts *Hauspostille* folgt, die Brecht schon im Jahre 1927 mit einer „Anleitung zum Gebrauch der einzelnen Lektionen" versehen hatte. Auch moderne amerikanische Lyriker wie William Carlos Williams haben das Gedicht als ‚Gebrauchsartikel' angesprochen, und auch ich tue es. Mit einem Unterschied: Das Gedicht, glaube ich, ist ein Gebrauchsartikel eigener Art[1]. Es wird *ge*braucht, aber es *ver*braucht sich nicht wie andere Gebrauchsartikel, bei denen jedes Benutzen das Abnutzen in sich schließt.

[1] So wenig wie das Gedicht ein alltäglicher, sondern eben ein ganz besonderer Gebrauchsgegenstand ist, so wenig läßt es sich als ‚Maschine' bezeichnen, wie es vielfach geschieht. Allenfalls ließe es sich mit einem Perpetuum Mobile vergleichen. Die Maschine hat ja gerade keine Bewegung in sich, ist angewiesen auf jemand, der sie belebt. Das Gedicht aber, die gestaltete ‚wirklichere Wirklichkeit' hat eine Eigenbewegung: Diese erhält sich im Prinzip unbegrenzt. Es ist nicht vorhersehbar, ob, noch wann oder auf wielange sie aktiv wird: Sie kann nach Jahrhunderten plötzlich wieder virulent werden.

Im Gegenteil, es ist eines jener ‚Dinge', die wie der Körper der Liebenden in der Nichtbewahrung recht eigentlich gedeihen. Neu gestaltete Erfahrungen, verfügbar werdende Assoziationen wachsen dem Gedicht unablässig zu und vermehren, vertiefen und erweitern es, je nach den Notwendigkeiten seiner Gebraucher. Es ist daher ein ‚magischer Gebrauchsartikel', etwas wie ein Schuh, der sich jedem Fuß anpaßt, der ohne ihn den Weg in das Ungangbare nicht gehen könnte, den Weg zu jenen Augenblicken, in denen der Mensch wirklich identisch ist mit sich selbst. Etwas, das er im täglichen Leben eben nicht ist. Denn gerade das ist das Wesen der Funktionalisierung, daß die Identität verlorengeht, der Mensch zum ‚Treffpunkt seiner Funktionen' wird. Um so wichtiger, um so unentbehrlicher ist jener magische Gegenstand, jenes Sesam-öffne-dich, das die Lyrik ist.

(aus: Hilde Domin, Wozu Lyrik heute: Dichtung und Leser in der gesteuerten Gesellschaft. München: R. Piper Verlag 1968, S. 16 f.)

Besonders zwei Stellen können verhindern, daß Sie diesen Text begreifen. Unter „neu ... verfügbar werdenden Assoziationen“ (Zeile 13 f.) versteht Domin eine Mischung gefühlsmäßiger und gedanklicher Kombinationen, die sich dem Sinn des Gedichtes zu „assoziieren“, d. h. anzugleichen versuchen. Der Begriff „Funktion“ meint hier, daß Menschen dazu neigen, alles unter dem Gesichtspunkt der Verwertung zu betrachten. Dies schließt aus, daß sie sich über den wahren Wert von Menschen und Dingen klar werden, sie verlieren dann ihr eigentliches Wesen, sind nicht mehr eins, „identisch“ mit sich selbst. Gedichte aber können diese „Funktionalisierung“ durchbrechen, indem sie den Menschen lehren, über sich selbst nachzudenken. Sie werden dann auch gebraucht. Aber:

1. Inwiefern sind sie ein Gebrauchsartikel eigener Art?
2. Begründen Sie, weshalb Gedichte sich nicht durch den Umgang der Interpreten mit ihnen verbrauchen. Bei dieser Überlegung hilft Ihnen der Text von Eliot „Der Sinn des Gedichts“ (vgl. S. 6) weiter.
3. Erläutern Sie, was Hilde Domin mit dem Bild meint, ein Gedicht sei „etwas wie ein Schuh ...“ (Zeile 16).

3 EPOCHENTYPISCHE GEDICHTE

3.1 DAS HOCHMITTELALTER

Helmut de Boor
Der Ritterstand und das Menschenbild der höfischen Dichtung

Höfische Kultur ist eine gesellschaftliche Kultur. Das Mittelalter kennt nicht das Glück des autonomen Individuums, das sich selbstherrlich nach seinen eigenen Bedingungen und Strebungen zur Persönlichkeit formt. Alle Bildung des Menschen erfolgt in der Gesellschaft und für die Gesellschaft. Nur in ihr lebt der Mensch ein lebenswertes Dasein.

Zugehörigkeit zur Gesellschaft wird als Steigerung des eigenen Daseins empfunden. Das tragende Grundgefühl der höfischen Gesellschaft ist „vröude", die Lust, zu leben, festlich teilzunehmen an der festlichen Gesamterscheinung der Gesellschaft, die sich durch Reichtum, Pracht, Bildung, Anstand aus der Durchschnittlichkeit des Daseins herausgehoben fühlt. Das Fest wird zum Ausdruck dieser Lebensfreude, zu der jeder einzelne mit seiner „Freude" beizutragen hat, zu der auch der Dichter durch seine Werke beiträgt. Höfische Dichtung ist recht eigentlich Gesellschaftsdichtung; wie die Musik ist sie Teil der ästhetischen Bildung der Gesellschaft. Die Eigenart des Minnesangs z. B. liegt darin, daß hier Geheimstes und Individuellstes dadurch gültig wird, daß es sich in die Gesellschaft ergießt. Die freudige Hochstimmung, die dem einzelnen aus der Zugehörigkeit zu der gebildeten Gesellschaft erwächst, nennt die Zeit den „hôhen muot", für den die höfische Lyrik das Bild des aufsteigenden Falken gefunden hat.

Die höfische Bildung ist eine ästhetische Bildung. Schönheit, Anmut und Pracht sind Wahrzeichen der höfischen Gesellschaft. Die höfische Bildung kennt nur den schönen Menschen; Häßlichkeit ist ihr der dämonische Kontrast zu dem, was wahrhaft Mensch ist. Anmutig bewegte Schönheit des Gesichtes und der Gestalt wetteifert mit der Pracht der Gewänder, und der höfische Dichter wird nicht müde, sich am Wert der kostbaren Stoffe, dem Glanz der Farben, dem Funkeln edler Steine zu berauschen.

Indessen wäre es falsch, die höfische Bildung im Ästhetischen erschöpft zu sehen. Wir begreifen höfische Dichtung nur, wenn wir uns darüber klar sind, daß für das Denken der Zeit eine unmittelbare Rückbezüglichkeit zwischen dem Innen und dem Außen besteht. Schönheit der Erscheinung ist Ausdruck eines schönen Innern; nur der edle Mensch kann schön sein. Soviel auch Erziehung bedeutet, so weiß man doch, daß sie nur dort fruchtet, wo die innere Veranlagung vorhanden ist.

Zum vollendeten höfischen Menschen gehören die höfischen „tugenden“, die sittlichen Qualitäten der Selbstbeherrschung, der Bescheidenheit und Ehrfurcht, des Edelmuts, der Freigebigkeit, des reinen Gemütes. Letztes Ziel höfischer Bildung ist die Bändigung des Triebhaften, die Reinigung der Leidenschaften, eine Bewußtheit der edlen Lebensführung, eine Stilisierung des Daseins, die wir im ganzen als die höfische Haltung bezeichnen können.

[...]

Von höchster Bedeutung ist in dieser höfischen Gesellschaft die Stellung der Frau. Die höfische Gesellschaft und ihre Dichtung gaben der Frau einen neuen, hohen Eigenwert. Sie wird Stern und Mittelpunkt der Gesellschaft; erst die Gegenwart der Frau macht die höfische Geselligkeit zum Fest. Die schöne Frau – und alle höfischen Frauen sind schön – ist die Quelle der höfischen Freude, die Weckerin des hohen Mutes. Die gesellschaftliche, d. h. ästhetische Rolle ist indessen auch bei der Frau noch nicht das Wesentliche. Zu der gesellschaftlichen Überhöhung tritt die sittliche. Die Frau wird ihrem Wesen nach als das reinere und vollkommenere Geschöpf erkannt. Sie wird damit fähig, die Erzieherin des Mannes zu höfischer Vollkommenheit zu sein. Um ihretwillen leistet der Ritter seine Waffentaten; Turnier und ernster Kampf, Schlacht und Aventiure werden zur Werbung um die Gunst der Frau. Er unterwirft sich aber um der Frau willen auch der höfischen Zucht, strebt nach Läuterung und sittlicher Vollkommenheit, um ihrer wert zu werden. Die Frau wird zur Erzieherin und Bildnerin des Mannes; in der höfischen Dichtung ist zuerst und vielstimmig die Erkenntnis ausgesprochen, daß das Ewig-Weibliche uns hinanzieht.

Während die Frau in der praktischen Sozialordnung von Ehe und Familie der vormundschaftlichen Hauszucht des Mannes unterworfen bleibt, wird sie in der gesellschaftlichen Ordnung des höfischen Lebens und in der Dichtung unerreichbar hoch über den Mann gesteigert. Die Zeit erlebt diese Steigerung aus ihrer ständischen Daseinsform heraus, aus dem Lehenswesen. So wird die Frau zur „frouwe“, d. h. Herrin, der Ritter zum „man“, d. h. Lehensmann. Die Werbung des Mannes erscheint als der Dienst, den er der Herrin leistet, ihre Gunst als der Lohn, den er erstrebt und auf den er Anspruch erhebt. Der Lohn kann in hohem Grade zu zeichenhaften Gewährungen entsinnlicht werden, zu einem Gruß, einem Blick, einem Lächeln, er kann sogar ganz ins Sittliche umgedeutet werden, zur Reinigung und Wertsteigerung des Mannes – als Letztes bleibt dahinter immer die liebende Hingabe der Frau an den werbenden Mann.

(aus: Geschichte der deutschen Literatur, Bd II, München ^{2}1955, S. 72 ff.)

Walther von der Vogelweide
Herzeliebez frouwelîn

Herzeliebez frouwelîn,
got gebe dir hiute und iemer guot!
Kund ich baz gedenken dîn,
des hete ich willeclîchen muot.
Waz mac ich dir sagen mê,
wan daz dir nieman holder ist? owê, dâ von ist mir vil wê.

Sie verwîzent mir daz ich
ze nidere wende mînen sanc.
Daz si niht versinnent sich
waz liebe sî, des haben undanc!
Sie getraf diu liebe nie,
die nâch dem guote und nâch der schœne minnent, wê wie minnent die?

Bî der schœne ist dicke haz;
zer schœne niemen sî ze gâch.
Liebe tuot dem herzen baz:
der liebe gêt diu schœne nâch.
Liebe machet schœne wîp:
des mac diu schœne niht getuon, si machet niemer lieben lîp.

Ich vertrage als ich vertruoc
und als ich iemer wil vertragen.
Dû bist schœne und hâst genuoc:
waz mugen si mir dâ von sagen?
Swaz si sagen, ich bin dir holt,
und nim dîn glesîn vingerlîn für einer küneginne golt.

Hâst dû triuwe und stætekeit,
sô bin ich des ân angest gar
Daz mir iemer herzeleit
mit dînem willen widervar.
Hâst aber dû der zweier niht,
so müezest dû mîn niemer werden. owê danne, ob daz geschiht!

Außer dem kurzen begleitenden Textauszug können Sie selber Ihr Verständnis dieser Verse Walthers durch den Aufsatz von Helmut de Boor: Dichter des Minnesang[1] erweitern, der in allen öffentlichen Bibliotheken greifbar ist.

1 In: Benno von Wiese (Hrsg.): Die deutsche Lyrik, Bd. I. Düsseldorf: Bagel [1]1959

Meine geliebte kleine Herrin,
Gott behüte dich heute und immer!
Könnte ich schöner meine Wünsche ausdrücken –
ich tät es wahrlich gern.
Was aber kann ich dir mehr sagen
als daß dich niemand lieber haben kann? Ach das macht mir manchen Kummer.

Sie werfen mir vor, daß ich
an niedrig Geborne richte meinen Sang.
Daß sie nicht begreifen
was wirkliche Liebe ist – dafür sollen sie verwünscht sein!
Nie hat wahre Liebe sie getroffen,
die nach dem Grad von Reichtum und Schönheit entflammt werden, – ach was für eine Liebe ist das?

Hinter äußerer Schönheit verbirgt sich oft ein böses Herz.
Solcher Schönheit laufe niemand eilig nach.
Ein liebes Herz steht so viel höher,
und hinter ihm geht die Schönheit.
Ein liebes und liebendes Herz macht die Frau schön;
dergleichen kann die Schönheit nicht vollbringen: sie macht das Herz nicht gut.

Ich trage ihren Vorwurf wie ich ihn immer getragen habe
und ihn immer tragen werde.
Du bist schön, und du bist reich –
aber was können sie mir davon schon sagen?
Was immer sie sagen mögen – ich hab dich lieb,
und dein Ring mit dem Glasstein ist mir mehr als der Goldring der Königin.

Wenn du Beständigkeit und Treue hast,
so hab ich keine Sorge davor,
daß meinem Herzen je ein Leid
von deinem Herzen widerfahre.
Hast aber du sie nicht,
dann könntest du mir nie gehören. Ach, wenn es je so kommt ...

(aus: Gedichte, ausgewählt und übersetzt v. Peter Wapnewski. Frankfurt/Main: Fischer Taschenbuch Verlag, 1962, S. 18 f.)

1. Man kann den Sinn mittelhochdeutscher Gedichte nicht ohne einige in der Minnelyrik des 11. und 12. Jahrhunderts konventionell festgelegte Schlüsselbegriffe verstehen. Vergewissern Sie sich, wie Wapnewski frouwelîn, gedenken, liebe, minnen, wîp, triuwe, stætekeit übersetzt.
2. Helmut de Boor betont die Bedeutung, die der Stellung der Frau in der höfischen Gesellschaft zukommt. Wodurch verringert Walther die Distanz zwischen dem Minnesänger und der gepriesenen Frau, ohne jedoch die Ehrerbietung aufzugeben?
3. Erörtern Sie, wodurch Walther die Schönheit der frouwelîn beseelt!
4. Inwiefern wird hier die Herrin „zur Erzieherin und Bildnerin des Mannes“ (de Boor)?

3.2 BAROCK

Paul Fleming
Bey einer Leichen

Ein Dunst in reger Lufft;
Ein geschwindes Wetterleuchten;
Güsse / so den Grund nicht feuchten;
Ein Geschoß / der bald verpufft;

Hall / der durch die Thäler rufft;
Stürme / so uns nichts seyn deuchten;
Pfeile / die den Zweck erreichten;
Eyß in einer warmen Grufft;

Alle diese sind zwar rüchtig /
Daß sie flüchtig seyn und nichtig;
Doch wie nichts Sie alle seyn /

So ist doch / O Mensch / dein Leben /
Mehr / als Sie / der Flucht ergeben.
Nichts ist alles. Du sein Schein.

1642 v

(aus: Die deutsche Literatur. Texte und Zeugnisse, Bd 3. Das Zeitalter des Barock, hrsg. von Albrecht Schöne. München: C. H. Beck'sche Verlagsbuchhandlung 1963)

In diesem Falle wurde die originale Orthographie übernommen, um Sie exemplarisch damit bekannt zu machen. Diese Verse werden hier als erstes Barock-Gedicht vorgestellt, weil sie in zweifacher Hinsicht für die Epoche (1600–1720) typisch sind:

a) Die Epoche war entscheidend durch die leidvollen Erfahrungen des Dreißigjährigen Krieges (1618–1648) geprägt. Die Zerstörungen dieses Krieges, der nicht regional begrenzt werden konnte, suchten alle Landstriche des damaligen Deutschland heim. Folglich lebten fast alle Menschen dieser Jahrzehnte des 17. Jahrhunderts mit dem ständigen Gedanken an den Tod. Daraus erwuchs die Einsicht in die Vergänglichkeit, Flüchtigkeit und Eitelkeit (Nichtigkeit) des menschlichen Lebens. Es ist nur scheinbar ein Widerspruch, daß der Mensch des Barock die Genüsse des Lebens suchte, wo sie sich ihm boten. Nach dem „Verrauschen der Lust" wurde er um so intensiver auf seine Lebensangst zurückgeworfen, aus der ihn seine tiefe Religiosität erlösen konnte. Diesem Lebensgefühl entsprechend wird die Dichtung des Barock von Antithesen bestimmt, insbesondere von dem Gegensatz zwischen Diesseits und Jenseits, zwischen Schein und Sein.

b) Ein weiteres Charakteristikum jener Zeit sind die zahlreichen Gelegenheitsgedichte. Diese heben Ereignisse wie Taufe, Hochzeit, Begräbnis und Fürstenempfang aus dem für die meisten Untertanen bedrückenden Alltag hervor. Ein Teil der Barockpoeten dichtete im Auftrag von Fürstenhöfen, und die sogenannte Gelegenheitsdichtung galt als eigenständige Gattung.

Paul Fleming, 1609 in einem kleinen Dorf im Erzgebirge geboren, studierte in Leipzig Medizin und fand eine Anstellung als Hofjunker bei dem Herzog Friedrich von Holstein. Diesen begleitete er in einer Gesandtschaft nach Rußland und Persien. Als Höfling wurde er von der galanten Dichtung des aus Italien übernommenen Petrarkismus (2. Hälfte des 16. Jahrhunderts) beeinflußt, der formale Schönheit, Wohllaut und ornamentale Dichtung mit Metaphern und Antithesen sowie einen festen Motivkreis forderte. Letzterer hob auf Frauenpreis, Liebesklage, Todesbereitschaft und den Gegensatz zwischen irdischer Leidenschaft und himmlischer Lust ab. Bei Fleming, dem Schüler des berühmten Martin Opitz, blitzt aber bereits persönliches Gefühl durch den Dekor der galanten Glätte.

1. Offensichtlich hat das Verweilen bei einer Leiche dieses Gedicht angeregt. Was ist aber sein Motiv?
2. Ermitteln Sie durch Lektüre im Begriffsregister die Strophenform dieser Verse. Inwieweit kommen sein Aufbau, seine Syntax und seine Reimfolge der Aussageabsicht entgegen?
3. Suchen Sie die epochentypischen Antithesen. Welche erscheinen Ihnen im besonderen Maße modern. Begründen Sie.
4. Welches Wortfeld bestimmt die Aussage des Gedichtes?
5. Versuchen Sie, Flemings Sicht von Zeit und Raum zu beschreiben.
6. Erörtern Sie die Stellung des Gedichtes zwischen zeittypischer schmückender Rhetorik und Äußerung echten Gefühls. Beachten Sie dabei besonders, ob die Adjektive notwendig sind. Diskutieren Sie abschließend, inwieweit die Termini Gelegenheitsdichtung und Gedankenlyrik auf diese Verse zutreffen und inwieweit das Gedicht über seine Zeit hinausweist.

Andreas Gryphius
Es ist alles eitel

Du siehst, wohin du siehst, nur Eitelkeit auf Erden,
Was dieser heute baut, reißt jener morgen ein;
Wo jetztund Städte stehn, wird eine Wiese sein,
Auf der ein Schäferskind wird spielen mit den Herden.

Was jetztund prächtig blüht, soll bald zutreten werden.
Was jetzt so pocht und trotzt, ist morgen Asch und Bein;
Nichts ist, das ewig sei, kein Erz, kein Marmorstein.
Jetzt lacht das Glück uns an, bald donnern die Beschwerden.

Der hohen Taten Ruhm muß wie ein Traum vergehn.
Soll denn das Spiel der Zeit, der leichte Mensch, bestehn?
Ach, was ist alles dies, was wir vor köstlich achten,

Als schlechte Nichtigkeit, als Schatten, Staub und Wind,
Als eine Wiesenblum, die man nicht wiederfindt!
Noch will, was ewig ist, kein einig Mensch betrachten.

1643 v

(aus: Freuden und Trauer-Spiele, auch Oden und Sonette, Breslau 1663. – Lyrische Gedichte, hrsg. v. H. Palm, Tübingen 1884; BLV, Bd. 171)

1. Versuchen Sie, mit Hilfe eines etymologischen Wörterbuchs und aus dem Kontext des Gedichtes heraus zu bestimmen, wie die Wörter ‚eitel' und ‚pochen' im 17. Jahrhundert zu verstehen sind.
2. Machen Sie sich zunächst das Thema bzw. das Motiv des Gedichtes klar.
3. Fertigen Sie eine Skizze über die Strophen- und Reimfolge an. Man bezeichnet ein in dieser Form streng gegliedertes Gedicht als Sonett.
4. Versuchen Sie jetzt, den inneren Aufbau des Sonetts zu ermitteln, indem Sie das Thema, die Beispiele und die Frage voneinander trennen. Wo liegen die Höhepunkte der Aussage und des vom Satzbau bestimmten Sprechrhythmus?
5. Das Denken in Antithesen ist für das Zeitalter des Barock typisch. Sammeln Sie deshalb alle versimmanenten und versübergreifenden Gegensätze. Welche beiden Antithesen bestimmen das gesamte Gedicht?
6. Erörtern Sie die Aussage dieses Sonetts unter dem Thema ‚Schicksal und/oder Schuld'.
7. Inwieweit kann man dieses Sonett als Gedankenlyrik bezeichnen?

Ein Zitat von Trunz soll abschließend belegen, daß „Es ist alles eitel" epochenspezifisch ist: „Die Klage über die Vergänglichkeit ist ... bezeichnend für einen großen Teil der ganzen deutschen Barockdichtung. Daher ist ein Gedicht, das dieses Lebensgefühl in so reiner Form zum Ausdruck bringt, für seine Zeit nicht minder typisch als für die Goethezeit etwa Goethes Gedicht ‚Das Göttliche'. Vor Gryphius hatte es weltanschauliche Lyrik nur als Kirchenlied und als neulateinische Ode gegeben. Seine Gedichte von der Art dieses Sonetts waren daher eine schöpferische Tat. Sie schufen neu eine deutsche weltanschauliche Lyrik und führten sogleich zum Gipfel dessen, was im Barock auf diesem Gebiet erreicht wurde."[1]

1 Interpretation von „Es ist alles eitel". – In: Benno von Wiese (Hrsg.), Die deutsche Lyrik, Bd. I. Düsseldorf: Bagel [1]1959, S. 151

3.3 AUFKLÄRUNG UND EMPFINDSAMKEIT

Gotthold Ephraim Lessing
Sinngedichte

Wer wird nicht einen Klopstock loben?
Doch wird ihn jeder lesen? – Nein.
Wir wollen weniger erhoben
Und fleißiger gelesen sein.

Kunst und Natur
Sei auf der Bühne Eines nur;
Wenn Kunst sich in Natur verwandelt,
Dann hat Natur mit Kunst gehandelt.

(aus: Werke. Bd. 1, hrsg. von Herbert G. Göpfert. Darmstadt: Wiss. Buchgesellschaft 1970/München: Carl Hanser)

Der Dramatiker, Theaterkritiker und Rezensent Gotthold E. Lessing ist als Lyriker nicht bedeutend gewesen, aber seine Sinngedichte sind typisch für die Lyrik der Aufklärung (1720–1785). Diese Lyrik verstand sich in einem repräsentativen Teil als lehrhaft, weil sie wie keine andere Epoche auf die Kräfte der Vernunft setzte.

Wir skizzieren hier nur die Hauptrichtungen der Lyrik in der Aufklärung:

- die weltliche und geistige Ode, die den Ausdruck des Erhabenen anstrebte (vgl. die Arbeitsanregungen zu Klopstock: „Die frühen Gräber“, S. 20);
- die anakreontische oder Rokokolyrik, die in der Nachfolge der Elegiker (s. Elegie), insbesondere des Horaz, das Kleine und scheinbar Naive stilisierte. Die wesentlichen Themen sind Liebe, Wein und Geselligkeit. Die an die Antike angelehnte Schäferpoesie wählt einen idyllischen Handlungsort, einen locus amoenus. Weil die antiken Grazien einen neuen Begriff von Anmut verkörpern, wird sie auch als Grazienpoesie bezeichnet. Bekannte Poeten dieser Richtung sind Hagedorn, Gleim, Haller und Jacobi.
- Dem philosophischen Zeitgeschmack entspricht das Lehrgedicht, dem auch die Sinnsprüche Lessings zuzuordnen sind. In diese didaktische Poesie gingen die Lehren griechischer Philosophen ein, aber auch die moderne naturwissenschaftliche Philosophie, z. B. von Leibniz und Newton. Wichtig ist, daß die naturwissenschaftliche Sicht oft einer religiösen untergeordnet wurde, z. B. bei Brockes „Irdisches Vergnügen an Gott“ oder bei Gellert „Die Himmel rühmen des Ewigen Ehre“.[1]
- Schließlich bringt die Aufklärung noch eine politische Lyrik hervor, die sich kritisch mit dem Feudalismus auseinandersetzte. Ihre Hauptvertreter sind Christian F. D. Schubart, G. A. Bürger und G. K. Pfeffel.

1 Vgl. H. A. u. E. Frenzel, Daten deutscher Dichtung. Abriß der deutschen Literaturgeschichte, 2 Bde. München: dtv 1962. Bd. I., S. 132 f.

Friedrich Gottlieb Klopstock
Die frühen Gräber

Willkommen, o silberner Mond,
Schöner, stiller Gefährt' der Nacht!
Du entfliehst? Eile nicht, bleib, Gedankenfreund!
Sehet, er bleibt, das Gewölk wallte nur hin.

Des Maies Erwachen ist nur
Schöner noch, wie die Sommernacht,
Wenn ihm Tau, hell wie Licht, aus der Locke träuft,
Und zu dem Hügel herauf rötlich er kömmt.

Ihr Edleren, ach, es bewächst
Eure Male schon ernstes Moos!
O, wie war glücklich ich, als ich noch mit euch
Sahe sich röten den Tag, schimmern die Nacht.

1771 v

(aus: Oden, hrsg. v. F. Muncker u. J. Pawel, Stuttgart 1889)

Klopstocks Lyrik wird allgemein in die Epoche der Empfindsamkeit eingereiht, deren poetische Tendenz hier nur angedeutet werden kann. Die mit der Aufklärung (1720–1785) parallel laufende Empfindsamkeit ist als Reaktion auf deren Vernunftoptimismus und auf deren zum Teil einseitige Hervorhebung der ratio zu verstehen. „Die politische und gesellschaftliche Unterdrückung des Bürgertums, dessen Kräfte sich auf den rein geistigen, wissenschaftlichen und künstlerischen Bereich verwiesen sahen oder zu utopischen Programmen verwandt wurden, fand eine Auslösung in zum Teil selbstgenügsamer Empfindungsseligkeit und Schwärmerei."[1]

An der Bekämpfung des Vernunftglaubens und der Erzeugung übersteigerter, schwärmerischer Gefühle hatte die von Spener begründete religiöse Bewegung des Pietismus erheblichen Anteil.

F. G. Klopstock (1724–1803) hat jedoch mit dem unkontrollierten Überschwang der Gefühle wenig zu tun. Er hatte einen umfassenden Überblick über die literarische Tradition und zeitgenössische Literatur und war vor allem naturwissenschaftlich universal gebildet. Hinzu kommt ein lebhaftes politisches Engagement, das sich vor mutiger Kritik am damals herrschenden Absolutismus nicht scheute.

„Die Hoffnungen auf eine freie bürgerliche Gesellschaft wird Klopstock später in Oden gestalten, die der Französischen Revolution gewidmet sind und die den Nationalkonvent dazu anregen, ihn 1792 zum Ehrenmitglied der Republik zu ernennen."[2]

1771 erschien die erste Gesamtausgabe der von Klopstock seit 1748 einzeln veröffentlichten Gedichte. Darin wird deutlich, daß vaterländische und Revolutionsoden nur einen kleinen Ausschnitt seiner auf den Ausdruck des Erhabenen gerichteten Lyrik bilden: Freundschaft und

1 H. A. und E. Frenzel: Daten deutscher Literaturgeschichte, Bd. I, a.a.O., S. 159
2 Victor Žmegač u. a.: Kleine Geschichte der deutschen Literatur, a.a.O., S. 89

Liebe, Gott, Unsterblichkeit, Natur, Tugend, Freiheit, Geliebte, Frau und schließlich Verehrung überdurchschnittlicher Menschen sind die Themen seiner an Horaz und Pindar, Milton und Young geschulten Oden in klassischen Versmaßen und seiner ab 1754 in freien Rhythmen gestalteten Hymnen.[3] In dem schwungvollen Ausdruck von Gefühlen zeigt sich Klopstock der Empfindsamkeit zugehörig, in der zuchtvollen Verwendung klassischer Metren und freier Rhythmen, durch seine Wortschöpfungen und durch seine umfassendere Thematik weist er aber als Anreger z. B. Goethes und Hölderlins weit über diese Epoche hinaus. Die Gefühlsintensität seiner Verse hat nicht verhindert, daß er sich in der Hinwendung zu naturwissenschaftlichem Denken auch der Aufklärung verpflichtete.

3 Vgl. H. A. und E. Frenzel, a.a.O., S. 166

Spätere Fassung!

Johann Wolfgang von Goethe

Willkommen und Abschied

Es schlug mein Herz, geschwind zu Pferde!
Es war getan fast eh gedacht.
Der Abend wiegte schon die Erde,
Und an den Bergen hing die Nacht;
Schon stand im Nebelkleid die Eiche,
Ein aufgetürmter Riese, da,
Wo Finsternis aus dem Gesträuche
Mit hundert schwarzen Augen sah.

Der Mond von einem Wolkenhügel
Sah kläglich aus dem Duft hervor,
Die Winde schwangen leise Flügel,
Umsausten schauerlich mein Ohr;
Die Nacht schuf tausend Ungeheuer,
Doch frisch und fröhlich war mein Mut:
In meinen Adern welches Feuer!
In meinem Herzen welche Glut!

Dich sah ich, und die milde Freude
Floß von dem süßen Blick auf mich;
Ganz war mein Herz an deiner Seite
Und jeder Atemzug für dich.
Ein rosenfarbnes Frühlingswetter
Umgab das liebliche Gesicht,
Und Zärtlichkeit für mich – ihr Götter!
Ich hofft es, ich verdient es nicht!

Doch ach, schon mit der Morgensonne
Verengt der Abschied mir das Herz:
In deinen Küssen welche Wonne!
In deinem Auge welcher Schmerz!
Ich ging, du standst und sahst zur Erden
Und sahst mir nach mit nassem Blick:
Und doch, welch Glück, geliebt zu werden!
Und lieben, Götter, welch ein Glück!

1789 v

(aus: Sämtliche Werke, Jubiläums-Ausgabe, J. G. Cotta'sche Buchhandlung: Stuttgart o. J. – Gedenkausgabe der Werke, Briefe und Gespräche, hrsg. von E. Beutler. Zürich: Artemis 1950 ff.)

Dieses im Frühjahr 1770 entstandene Gedicht hat die Trennung Goethes von seiner damaligen Geliebten, von Friederike Brion, einer Pfarrerstochter aus Sesenheim bei Straßburg, als Hintergrund. Wir machen diese biographische Anmerkung aber nicht deshalb, weil das Gedicht nur mit ihr verständlich wäre. Vielmehr wollen wir darauf verweisen, daß im Sturm und Drang mit der Sesenheimer Lyrik Goethes sich zum ersten Male Erlebnislyrik gegen Konventionen durchsetzt, die bisher den Ausdruck spontaner Gefühle verhindert hatten.

1. Tragen Sie an diesem Gedicht zusammen, was Ihnen spontan und wirklich erlebt erscheint.
2.

    xx́x x́x x́x x́x
    xx́x x́x x́x x́
    xx́x x́x x́x x́x
    xx́x x́x x́x x́
    xx́x x́x x́x x́x
    xx́x x́x x́x x́
    xx́x x́x x́x x́x
    xx́x x́x x́x x́

   Vervollständigen Sie das metrische Schema dieser Jamben, und setzen Sie mit einer anderen Farbe die freieren Akzente des Rhythmus. Beschreiben Sie jetzt das Zusammenspiel von Metrum und Rhythmus.
3. Vergleichen Sie unter den Gesichtspunkten der Spontaneität des Erlebnisses und der Beweglichkeit des Rhythmus' dieses Gedicht mit „Annchen von Tharau" (S. 65) und F. v. Hagedorns „Der Mai" (S. 66).
4. An welchen Stellen könnten Metrum und Rhthmus Goethe bis in die inhaltliche Formulierung hinein bestimmt haben? Auch unter diesem Gesichtspunkt empfiehlt sich ein Vergleich mit F. v. Hagedorns „Der Mai" (S. 66) und C. Brentanos „Der Spinnerin Nachtlied" (S. 64).
5. Inwieweit tragen die Anordnung der Zeilen und der Satzbau zu dem beschwingten Rhythmus mit bei?
6. Wo hat Goethe Ihres Erachtens mit den Metaphern, den Bildern und der Wortwahl eine neue originelle Sicht der Natur geschaffen?
7. Geben Sie die Handlungssituationen wieder, und erörtern Sie, wie das Verhältnis von Natur und Mensch gestaltet wird.
8. Inwiefern wird das Gedicht über eine Momentaufnahme hinaus zu allgemeiner Erfahrung ausgeweitet?

Johann Wolfgang von Goethe
Prometheus

Bedecke deinen Himmel, Zeus,
Mit Wolkendunst
Und übe, dem Knaben gleich,
Der Disteln köpft,
An Eichen dich und Bergeshöhn;
Mußt mir meine Erde
Doch lassen stehn
Und meine Hütte, die du nicht gebaut,
Und meinen Herd,
Um dessen Glut
Du mich beneidest.

Ich kenne nichts Ärmeres
Unter der Sonn als euch, Götter!
Ihr nähret kümmerlich
Von Opfersteuern
Und Gebetshauch
Eure Majestät
Und darbtet, wären
Nicht Kinder und Bettler
Hoffnungsvolle Toren.

Da ich ein Kind war,
Nicht wußte, wo aus noch ein,
Kehrt ich mein verirrtes Auge
Zur Sonne, als wenn drüber wär
Ein Ohr, zu hören meine Klage,
Ein Herz wie meins,
Sich des Bedrängten zu erbarmen.

Wer half mir
Wider der Titanen Übermut?
Wer rettete vom Tode mich,
Von Sklaverei?
Hast du nicht alles selbst vollendet,
Heilig glühend Herz?
Und glühtest jung und gut,
Betrogen, Rettungsdank
Dem Schlafenden da droben?

Ich dich ehren? Wofür?
Hast du die Schmerzen gelindert
Je des Beladenen?
Hast du die Tränen gestillet
Je des Geängsteten?
Hat nicht mich zum Manne geschmiedet
Die allmächtige Zeit
Und das ewige Schicksal,
Meine Herrn und deine?

Wähntest du etwa,
Ich sollte das Leben hassen,
In Wüsten fliehen,
Weil nicht alle
Blütenträume reiften?

Hier sitz ich, forme Menschen
Nach meinem Bilde
Ein Geschlecht, das mir gleich sei,
Zu leiden, zu weinen,
Zu genießen und zu freuen sich,
Und dein nicht zu achten,
Wie ich!

1773/77 e

(aus: Sämtliche Werke. Jubiläums-Ausgabe, J. G. Cotta'sche Buchhandlung: Stuttgart o. J. – Gedenkausgabe der Werke, Briefe und Gespräche, hrsg. von E. Beutler. Zürich: Artemis 1950 ff.)

Diese Hymne ist ohne die Kenntnis ihrer mythologischen Bezüge nicht zu verstehen, von denen wir hier nur die wichtigsten referieren: Der Halbgott Prometheus ist der Sohn des Titanen Japetos. Zeus hatte die Titanen im Kampfe besiegt und die Macht des bis dahin herrschenden Titanen Kronos an sich gerissen. Prometheus aber liegt weiter im Kampfe mit Zeus und befindet sich auch in Gegensatz zu den Titanen. Er stahl für die Menschen vom Olymp das Feuer, das Zeus ihnen entzogen hatte, und entführte es auf die Erde. Mit dem Feuer brachte er den Menschen die Kultur überhaupt. Dafür nahm Zeus schreckliche Rache. Er ließ Prometheus an einen Felsen schmieden und schickte ihm einen Adler, der täglich von seiner Leber fraß, die über Nacht wieder nachwuchs. Später wurde Prometheus von Herakles befreit.

Nach einer anderen Überlieferung schuf der Halbgott Prometheus die Menschen aus Ton und beseelte sie.

Auch Prometheus, der sich Zeus widersetzt hat, muß wie dieser den ältesten Mächten gehorchen, der Zeit (χρόνος) und dem Schicksal (μοῖρα).

Zum Verständnis der Hymne „Prometheus“ ist auch der Geniebegriff unverzichtbar, wie er sich zur Zeit des Sturm und Drang entwickelte: „Er hat sich zwischen 1750 und 1772 mehr gewandelt als zwischen 1772 und unserer Gegenwart. Wir benutzen ihn heute im wesentlichen so, wie Goethe ihn prägte. Er ist eines der Denkbilder, bei denen wir die Welt mit seinen Augen sehen, auch wenn wir uns dessen nicht bewußt sind. Vor dem Sturm und Drang sagte man, ‚jemand hat Genie', und meinte damit, daß er Klugheit, Einfälle und Geschick habe, um ein Werk nach dem Stilprinzip des Witzes hervorzubringen. Seit dem Sturm und Drang sagt man, ‚jemand ist ein Genie', und meint damit, daß er aus sich heraus ein Weltbild formt, bleibend, groß, vorbildhaft, und daß ihm dabei der Sinn für die Gesetzlichkeit der Lebensvorgänge eingeboren ist, so daß ein Werk die innere Notwendigkeit der Natur in sich trägt."[1]

1. Weisen Sie nach, wo und wie die Hymne an die referierte Mythologie anknüpft.
2. Wer sind die Kontrahenten dieses Gedichtes?
3. Beachten Sie, wie Satzbau und Wortstellung das Selbstbewußtsein des Prometheus spiegeln.
4. Wo kommt die Verhöhnung des Zeus besonders zum Ausdruck?
5. Vollziehen Sie den inneren Vorgang der Hymne nach. Achten Sie dabei auf Steigerungen, Retardierungen und Höhepunkte.
6. Wo zeigt sich die Verwundbarkeit des Prometheus, aber auch die Stärke des Aufbegehrenden?
7. Machen Sie sich klar, wo das Gedicht den Geniebegriff des Sturm und Drang aufgreift und das Schöpferische des Genies verherrlicht.
8. Welche Merkmale der Hymne treffen auf „Prometheus" zu?

1 Erich Trunz: Goethes Werke, Bd. I. Hamburg: Wegner [5]1960, S. 427

Friedrich von Schiller
Nänie

Auch das Schöne muß sterben! Das Menschen und Götter bezwinget,
  Nicht die eherne Brust rührt es des stygischen Zeus.
Einmal nur erweichte die Liebe den Schattenbeherrscher,
  Und an der Schwelle noch, streng, rief er zurück sein Geschenk.
Nicht stillt Aphrodite dem schönen Knaben die Wunde,
  Die in den zierlichen Leib grausam der Eber geritzt.
Nicht errettet den göttlichen Held die unsterbliche Mutter,
  Wann er, am skäischen Tor fallend, sein Schicksal erfüllt.
Aber sie steigt aus dem Meer mit allen Töchtern des Nereus,
  Und die Klage hebt an um den verherrlichten Sohn.
Siehe! Da weinen die Götter, es weinen die Göttinen alle,
  Daß das Schöne vergeht, daß das Vollkommene stirbt.
Auch ein Klagelied zu sein im Mund der Geliebten, ist herrlich,
  Denn das Gemeine geht klanglos zum Orkus hinab.

1800 v

(aus: Werke, Nationalausgabe, hrsg. v. J. Petersen u. G. Fricke, Weimar. Hermann Böhlaus Nachfolger 1943 ff. – Sämtliche Werke, hrsg. von G. Fricke u. H. G. Göpfert. München: Hanser ^{3}1962)

Auch dieses Gedicht setzt vor der Interpretation einige Informationen voraus:

Unter „Nänie" verstand man in der Antike eine Totenklage. Auch hier sind einige Kenntnisse der Mythologie erforderlich: Mit dem stygischen Zeus ist der Beherrscher der Styx, eines Flusses der Unterwelt, also Hades, gemeint. Die Liebe, die den Schattenbeherrscher erweichte, bezieht sich auf die Liebe des Orpheus zu Eurydike. Diese durfte mit Orpheus die Unterwelt verlassen unter der Bedingung, daß Orpheus sich im Hades nicht nach seiner Frau umsah. Aber dessen Sehnsucht war stärker als das Verbot, und so mußte Eurydike an der Schwelle zum Leben wieder ins Totenreich zurückkehren.

Selbst die Liebesgöttin Aphrodite, die in Liebe zu Adonis entbrannt war, konnte die Macht des Schattenreichs nicht brechen, als ein Eber den schönen Knaben zu Tode verletzte. Auch die unsterbliche Thetis, die Mutter des Achill, konnte nicht verhindern, daß ein von Apoll gelenkter Pfeil des Paris, den größten aller Helden, bei einem Ansturm auf das skäische Tor Trojas tödlich traf. Aber das Hinscheiden dieses schönen und vollkommenen Helden rührte Thetis, die Nereiden, die Musen und selbst die olympischen Götter zu Tränen.

Der Preis der vollkommenen und das heißt der harmonisch ausgewogenen Schönheit war ein Lieblingstraum der Klassik.

1. Weisen Sie nach, daß dieses Gedicht Schillers eine Mittelstellung zwischen der Strenge von Gedankenlyrik und dem Schmelz einer liedhaften Elegie einnimmt.

2. Schiller wählte für diese Elegie das Versmaß des Distichons, bei dem auf einen Hexameter ein Pentameter mit einer deutlichen Mittelzäsur folgt. Schiller selbst gab als Beispiel für das Distichon folgende Verse:
   Im Hexameter steigt des Springquells flüssige Säule.
   Im Pentameter drauf fällt sie melodisch herab.
   Erörtern Sie, wie sich die Distichen zum Inhalt dieser Elegie fügen.
3. Prüfen Sie, welche Wörter durch ihre Stellung herausgehoben sind und welche Wirkung damit erzielt wird.
4. Vollziehen Sie den Aufbau der Elegie Zeile für Zeile nach. Wo erfährt das Gedicht eine inhaltliche Wende, wo und wodurch erhält es eine Pointe.
5. Versuchen Sie anhand der Wortwahl Schillers zu belegen, daß bei seiner Auffassung von Schönheit das Ästhetische in den Bereich des Ethischen hinüberspielt.

Friedrich Hölderlin
An die Parzen

Nur Einen Sommer gönnt, ihr Gewaltigen!
Und einen Herbst zu reifem Gesange mir,
Daß williger mein Herz, vom süßen
Spiele gesättiget, dann mir sterbe.

Die Seele, der im Leben ihr göttlich Recht
Nicht ward, sie ruht auch drunten im Orkus nicht.
Doch ist mir einst das Heilge, das am
Herzen mir liegt, das Gedicht gelungen,

Willkommen dann, o Stille der Schattenwelt!
Zufrieden bin ich, wenn auch mein Saitenspiel
Mich nicht hinab geleitet; Einmal
Lebt ich, wie Götter, und mehr bedarf's nicht.

1798 e

(aus: Sämtliche Werke, hrsg. von Friedrich Beißner, Bd. 2. Stuttgart: Kohlhammer 1970)

1. Informieren Sie sich in einer Literaturgeschichte über Hölderlins Leben. Inwiefern äußert sich in der Bitte um einen Sommer und einen Herbst zu reifem Gesange fast eine Vorahnung des späteren Schicksals des Dichters?
2. Setzen Sie die erste hier vorgegebene Zeile des metrischen Schemas dieser sog. alkäischen Ode fort: xx́x | x́x | x́xx | x́x | x́ .
3. Mit Hilfe eines Sachwörterbuchs der Literatur können Sie die Richtigkeit überprüfen (z. B. Bantel/Schäfer: Grundbegriffe der Literatur. Frankfurt: Hirschgraben, ^{11}1984, S. 98; oder von Wilpert: Sachwörterbuch der Literatur. Stuttgart ^{6}1979, S. 15).
   Beschreiben Sie die Wirkung, die Hölderlin mit dieser strengen Strophenform erreicht.
4. Welche Parallelen entdecken Sie zwischen Schillers „Nänie" und dieser Ode?

Clemens Brentano
Hör, es klagt die Flöte wieder

Hör, es klagt die Flöte wieder,
Und die kühlen Brunnen rauschen.
Golden wehn die Töne nieder,
Stille, stille, laß uns lauschen!

Holdes Bitten, mild Verlangen,
Wie es süß zum Herzen spricht!
Durch die Nacht, die mich umfangen,
Blickt zu mir der Töne Licht.

1803 v

(aus: Werke, hrsg. v. W. Frühwald, B. Gajek, F. Kemp. München: Carl Hanser 1968)

Aufgrund der Nachforschungen von Albrecht Schöne[1] wissen wir, daß Brentano diese Verse in den Funktionszusammenhang eines Singspiels gestellt hat. Sie sind aber durch ihre Musikalität so unmittelbar eingängig, daß man auf die Rekonstruktion eines engeren Verwendungsrahmens verzichten kann.

Die nachstehenden Arbeitsanregungen sollen die ungemeine ästhetische Verdichtung dieses zarten schwebenden Liedes verdeutlichen.

1. Versuchen Sie durch Nachvollziehen des metrischen Aufbaus und des Rhythmus nachzuweisen, daß diese in ihrer Bewegung der Zeile „Golden wehn die Töne nieder" entsprechen.
2. Wo entsteht in dem Lied durch Vor- und Rückverweis gleichklingender Vokale (Assonanzen) eine akustische Einheit?
3. Welcher Laut übernimmt gleichsam leitmotivische Funktion in dem Gedicht?
4. Es gilt als eine Eigentümlichkeit der Romantik, die festen Sinnbezüge zwischen den Worten zu lockern. Ist dieses Charakteristikum auch bei diesem Lied nachweisbar?

1 In: Benno von Wiese: Die deutsche Lyrik II. Düsseldorf: Bagel [1]1959, S. 11 f.

Joseph von Eichendorff
Sehnsucht

Es schienen so golden die Sterne,
Am Fenster ich einsam stand
Und hörte aus weiter Ferne
Ein Posthorn im stillen Land.
Das Herz mir im Leib entbrennte;
Da hab ich mir heimlich gedacht:
Ach, wer da mitreisen könnte
In der prächtigen Sommernacht!

Zwei junge Gesellen gingen
Vorüber am Bergeshang,
Ich hörte im Wandern sie singen
Die stille Gegend entlang:
Von schwindelnden Felsenschlüften,
Wo die Wälder rauschen so sacht,
Von Quellen, die von den Klüften
Sich stürzen in die Waldesnacht.

Sie sangen von Marmorbildern,
Von Gärten, die überm Gestein
In dämmernden Lauben verwildern,
Palästen im Mondenschein,
Wo die Mädchen am Fenster lauschen,
Wann der Lauten Klang erwacht
Und die Brunnen verschlafen rauschen
In der prächtigen Sommernacht.

1834 e

(aus: Werke, hrsg. v. G. Baumann. Stuttgart: J. G. Cotta 1953)

1. Das lyrische Ich befindet sich am Fenster. Welchen Stellenwert hat das Fenster Ihres Erachtens in diesem Gedicht?
2. Stellen Sie im einzelnen fest, wodurch die Sehnsucht des lyrischen Ich ausgelöst wird. Welche Sinneswahrnehmungen werden angesprochen?
3. Wodurch läßt Eichendorff die Klänge und das Licht in diesem Lied zur Geltung kommen?
4. Das Gefühl der Sehnsucht ist häufig mit räumlicher Weite verbunden. Führen Sie auf, wodurch Eichendorff den Eindruck räumlicher Weite und Tiefe vermittelt.
5. Wo unterstützt nach Ihrem Empfinden die Abfolge der Konsonanten und Vokale die Aussage?
6. Welche Aufgaben erfüllen die Daktylen und die alternierend männlichen und weiblichen Reime für Metrum und Rhythmus?
7. Verschaffen Sie sich durch Literaturgeschichten ein Bild über die Epoche der Romantik. Inwiefern kann dieses Lied als besonders typisch für die Romantik gelten?

Eduard Mörike
Im Frühling

Hier lieg ich auf dem Frühlingshügel:
Die Wolke wird mein Flügel,
Ein Vogel fliegt mir voraus.
Ach, sag mir, alleinzige Liebe,
Wo du bleibst, daß ich bei dir bliebe!
Doch du und die Lüfte, ihr habt kein Haus.

Der Sonnenblume gleich steht mein Gemüte offen,
Sehnend,
Sich dehnend
In Lieben und Hoffen.
Frühling, was bist du gewillt?
Wann werd ich gestillt?

Die Wolke seh ich wandeln und den Fluß,
Es dringt der Sonne goldner Kuß
Mir tief bis ins Geblüt hinein;
Die Augen, wunderbar berauschet,
Tun, als schliefen sie ein,
Nur noch das Ohr dem Ton der Biene lauschet.
Ich denke dies und denke das,
Ich sehne mich und weiß nicht recht, nach was:
Halb ist es Lust, halb ist es Klage;
Mein Herz, o sage,
Was webst du für Erinnerung
In golden grüner Zweige Dämmerung?
– Alte unnennbare Tage!

1828 e

(aus: Werke, hrsg. v. H. Maync, Leipzig o. J.)

„Mörikes größte Bedrohung, die sein ganzes Leben und Schaffen leitmotivisch durchzieht, liegt in seinem Leiden an der Vergänglichkeit, an der Unmöglichkeit, dem gelebten Augenblick Dauer in der Zeit zu verleihen. Das Entgleiten des ‚Jetzt' läßt ihn sich schon in der Jugendlyrik nach der unwiederbringlichen Vergangenheit, den ‚alten unnennbaren Tagen' zurücksehnen. In dieser Haltung der Zeit gegenüber, die vornehmlich auf die ‚statisch' gewordene Vergangenheit, die verlorene, aber doch einzig ‚ruhende' Zeitspanne gerichtet ist, kommt es soweit, daß selbst die flüchtige Gegenwart in ihrem Vergehen schon die Züge eines Gewesenen annimmt, ‚erinnert' wird."[1]

Der Grundzug der biedermeierlichen Literatur ist als „Heiterkeit auf dem Grunde der Schwermut" bezeichnet worden (Paul Kluckhohn).

Das Gedicht „Im Frühling" ist etwa ein halbes Jahrhundert später als das „Mailied" von Goethe (vgl. S. 70) geschrieben worden und zeugt schon von einem anderen Lebens- und Naturgefühl. Die Arbeitsanweisungen sollen insbesondere dazu verhelfen, die Andersartigkeit der Naturwahrnehmung zu erschließen.

1. An wen sind die Äußerungen des lyrischen Ich gerichtet?
2. Erschließen Sie mit Hilfe des Textausschnitts von Taraba das Motiv dieses Gedichtes.
3. Zwar befindet sich das lyrische Ich inmitten der Natur, aber es ist nicht mehr in sie integriert. Woran wird das deutlich?
4. Das lyrische Ich versucht, die Natur gleichsam mit allen Sinneswahrnehmungen aufzusaugen. Welche Bilder, Metaphern und Vergleiche unterstreichen dies?
5. „... Die lyrische Poesie hat nicht sowohl bestimmten Körper, als bestimmten Duft. Man vernimmt in ihr die Persönlichkeit und ihre Art, die Gefühlsweise ganzer Nationen, vereinigt mit der bestimmten Natur der Gegenstände, an die das Gefühl im einzelnen Fall und in herrschender Richtung anschließt, wie eine spezifische Atmosphäre, die man gern mit einem feinen, aber entschiedenen Eindruck auf den Geruchssinn vergleicht ..."[2]
6. Prüfen Sie an einzelnen Schichten der Struktur dieses Gedichtes (angesprochene Sinnesempfindungen, Wortwahl, Lautkombinationen, Metrum – Rhythmus), ob und inwieweit die Beschreibung von F. Th. Vischer darauf zutrifft.

1 Wolfgang F. Taraba: Denk es, o Seele. – In: Die deutsche Lyrik, Form und Geschichte, hrsg. von Benno von Wiese, Bd. II. Düsseldorf: Bagel 1959

2 Friedrich Theodor Vischer: Die lyrische Poesie. – In: Deutsches Lesebuch, Bd. 3. Das 19. Jahrhundert. Hrsg. von Walther Killy. Frankfurt/Main: Fischer Bücherei 1970

Annette von Droste-Hülshoff

Das Spiegelbild

Schaust du mich an aus dem Kristall
Mit deiner Augen Nebelball,
Kometen gleich, die im Verbleichen,
Mit Zügen, worin wunderlich
Zwei Seelen wie Spione sich
Umschleichen, ja, dann flüstre ich:
Phantom, du bist nicht meinesgleichen!

Bist nur entschlüpft der Träume Hut,
Zu eisen mir das warme Blut,
Die dunkle Locke mir zu blassen;
Und dennoch, dämmerndes Gesicht,
Drin seltsam spielt ein Doppellicht,
Trätest du vor, ich weiß es nicht,
Würd ich dich lieben oder hassen?

Zu deiner Stirne Herrscherthron,
Wo die Gedanken leisten Fron
Wie Knechte, würd ich schüchtern blicken;
Doch von des Auges kaltem Glast,
Voll toten Lichts, gebrochen fast,
Gespenstig, würd, ein scheuer Gast,
Weit, weit ich meinen Schemel rücken.

Und was den Mund umspielt so lind,
So weich und hülflos wie ein Kind,
Das möcht in treue Hut ich bergen;
Und wieder, wenn er höhnend spielt,
Wie von gespanntem Bogen zielt,
Wenn leis es durch die Züge wühlt,
Dann möcht ich fliehen wie vor Schergen.

Es ist gewiß, du bist nicht Ich,
Ein fremdes Dasein, dem ich mich
Wie Moses nahe, unbeschuhet,
Voll Kräfte, die mir nicht bewußt,
Voll fremden Leides, fremder Lust;
Gnade mir Gott, wenn in der Brust
Mir schlummernd deine Seele ruhet!

Und dennoch fühl ich, wie verwandt,
Zu deinen Schauern mich gebannt,
Und Liebe muß der Furcht sich einen.
Ja, trätest aus Kristalles Rund,
Phantom, du lebend auf den Grund,
Nur leise zittern würd ich, und
Mich dünkt – ich würde um dich weinen!

1841/42 e

(aus: Sämtliche Werke, hrsg v. Cl. Heselhaus. München: Carl Hanser 1952)

Das Gedicht entstand 1841/42, also in der Epoche des Biedermeier (1820–1850). Es ist sehr schwierig für das Schaffen der Poeten, die dieser Epoche zugerechnet werden können, ein gemeinsames Charakteristikum zu finden. Idealtypisch läßt sich dies als Grundzug der Zeit herausstellen: Nach vergeblichen Versuchen, die feudalabsolutistischen Fesseln zu lockern, trat nach dem Erstarken der Restauration mit den Karlsbader Beschlüssen (1819) und der Wiener Schlußakte (1820) bei den deutschen Schriftstellern eine Zurückhaltung gegenüber Themen ein, die auf Veränderung der politischen Verhältnisse abzielten. Die Poesie konzentrierte sich stattdessen auf das Verhältnis des Menschen zur Natur und zu sich selbst. Während auf der einen Seite die lyrische Kleinkunst alltäglichen geselligen Zwecken diente, brachte die Auseinandersetzung der bedeutendsten Lyriker jener Zeit, Eduard Mörikes und der Droste, mit der Natur und der Zerrissenheit ihrer eigenen Seele Leistungen hervor, die über das beschränkt Bürgerliche hinauswiesen, das man der Epoche des Biedermeier zum Teil mit Recht nachsagt.

1. Clemens Heselhaus vollzieht nach, was Annette von Droste-Hülshoff in der 3. und 4. Strophe von „Das Spiegelbild“ an ihrem Abbild entdeckt und faßt dann zusammen: „Das ist ein getreues Porträt der Zerrissenheit, wie es in den dreißiger und vierziger Jahren des vorigen Jahrhunderts unter dem Einfluß Byrons bei uns Mode und Pose war.“[1] Kurz darauf korrigiert er sich: „So ist das Drostesche Spiegelbild mehr als ein Phantom und eine Alptraumgeburt“[2], die man als Schauerromantik abtun könnte. Worum geht es also der Droste Aug in Auge mit ihrem eigenen Spiegelbild? Beachten Sie zur Ernsthaftigkeit des Motivs die Anspielungen auf die Bibel in der 5. Strophe.
2. Es liegt nahe, die Spaltung des Ichs als Motiv des Gedichtes anzunehmen. Heselhaus meint aber, daß die Droste hier weniger mit sich selbst, sondern mit der Zerrissenheit ihrer eigenen Zeit im Zwiespalt liege, „... in dem die Droste ihre eigenen Züge im Spiegel so verfremdet und übersteigert, daß sie Ausdruck der Zerrrissenheit und Bedrohung ihrer Zeit werden, gibt sie sich selbst die Aufgabe, in dem sie sich diesem ihrem Spiegelbild stellt, zu ihrer Zeit und das heißt zu ihrer Existenz und zu ihrem Schicksal Stellung zu nehmen.“[3] Es würde zu weit führen, die Widersprüche des Biedermeier hier im einzelnen darzulegen. Vergewissern Sie sich darüber in der Literaturgeschichte von H. A. und E. Frenzel, Bd. II, a.a.O., S. 9ff.
3. Wodurch gelingt es der Droste, das Schauern vor dem Spiegelbild zu überwinden?
4. Untersuchen Sie die Strophenform mit ihren Reimen und Versausgängen. Was meint Heselhaus mit dem abschließenden Urteil: „Es scheint so, als ob das künstlerisch-artistische Moment vor dem Ernst der Existenz zusammenschrumpfe und nur in der bedeutungsvollen Fügung und in der ausdrucksvollen Verkürzung noch am Werke sein dürfe.“[4]

1 In: Benno von Wiese (Hrsg.): Die deutsch Lyrik, Bd. II, a.a.O., S. 170
2 a.a.O., S. 171
3 a.a.O., S. 171
4 a.a.O., S. 173

Heinrich Heine
Nachtgedanken

Denk ich an Deutschland in der Nacht,
Dann bin ich um den Schlaf gebracht,
Ich kann nicht mehr die Augen schließen,
Und meine heißen Tränen fließen.

Die Jahre kommen und vergehn!
Seit ich die Mutter nicht gesehn,
Zwölf Jahre sind schon hingegangen;
Es wächst mein Sehnen und Verlangen.

Mein Sehnen und Verlangen wächst.
Die alte Frau hat mich behext,
Ich denke immer an die alte,
Die alte Frau, die Gott erhalte!

Die alte Frau hat mich so lieb,
Und in den Briefen, die sie schrieb,
Seh ich, wie ihre Hand gezittert,
Wie tief das Mutterherz erschüttert.

Die Mutter liegt mir stets im Sinn.
Zwölf Jahre flossen hin,
Zwölf lange Jahre sind verflossen,
Seit ich sie nicht ans Herz geschlossen.

Deutschland hat ewigen Bestand,
Es ist ein kerngesundes Land,
Mit seinen Eichen, seinen Linden
Werd ich es immer wiederfinden.

Nach Deutschland lechzt ich nicht so sehr,
Wenn nicht die Mutter dorten wär;
Das Vaterland wird nie verderben,
Jedoch die alte Frau kann sterben.

Seit ich das Land verlassen hab,
So viele sanken dort ins Grab,
Die ich geliebt – wenn ich sie zähle,
So will verbluten meine Seele.

Und zählen muß ich – Mit der Zahl
Schwillt immer höher meine Qual,
Mir ist, als wälzten sich die Leichen
Auf meine Brust – Gottlob! Sie weichen!

Gottlob! Durch meine Fenster bricht
Französisch heitres Tageslicht;
Es kommt mein Weib, schön wie der Morgen,
Und lächelt fort die deutschen Sorgen.

(aus: Sämtliche Schriften, hrsg. v. K. Briegleb. München: Carl Hanser 1968 ff.)

Drei vorangestellte Zitate aus Literaturgeschichten mögen Ihnen den Zugang zu Heines Persönlichkeit und zu diesem Gedicht erleichtern:

„Die Stellung, die Heine mit seiner Lyrik und Prosa in der Übergangszeit zwischen Romantik und Realismus einnimmt, ist mit der Bedeutung Goethes für die vorausgegangene Literaturperiode vergleichbar. Heine war weder ein echter Romantiker noch ein echter Bourgeois oder ein echter Kommunist. Er war all das zugleich. (Edmond Vermeil)“[1]

„Er war ein schon verspäteter Romantiker ... vor allem auch in seiner genialischen Subjektivität, seinem ironischen Spiel mit den Formen und Stimmungen, das noch sich selbst zu parodieren vermag und echten Schmerz jäh durch einen Witz auflöst.“[2]

Heine, der seit 1831 in Paris lebte, hatte mit unerhörter Offenheit den preußischen Staat kritisiert. „Darauf versuchten seine Feinde, vor allem die deutschen Nationalisten, seine vaterländische Gesinnung zu verdächtigen. Sie beschimpften ihn als Franzosenfreund, als vaterlandslosen Gesellen.“ Darauf erklärte Heine, „was er, im Gegensatz zu den engstirnigen Deutschtümlern unter Vaterlandsliebe verstand, nämlich das innige Gefühl der Verehrung allem Großen und Herrlichen gegenüber, das die Deutschen hervorgebracht haben: ihre Sprache und Dichtung, die Idee der ‚allgemeinen Menschenverbrüderung‘.“[3]

1. Informieren Sie sich in den erwähnten oder anderen Literaturgeschichten genauer darüber, weshalb Heine seit 12 Jahren seine Mutter im deutschen Vaterland nicht gesehen hat.
2. Meinen Sie, daß Heine, wie in vielen anderen seiner Gedichte, auch hier echte Empfindungen durch Ironie auflöst? Oder wie würden Sie die Schlußstrophe deuten?
3. Wodurch wird ungeachtet aller Sehnsucht eine gewisse Distanz zu seinem Vaterland deutlich?
4. Ist die einfache Volksliedstrophe mit Paarreim Ihres Erachtens eine geeignete Form für die Aussage dieses Gedichtes?

1 Victor Žmegač u. a.: Kleine Geschichte der deutschen Literatur von den Anfängen bis zur Gegenwart. Frankfurt: Hirschgraben 1981, S. 194

2 Fritz Martini: Deutsche Literaturgeschichte von den Anfängen bis zur Gegenwart. Stuttgart: Kröner [10]1960, S. 346

3 Hans J. Geerdts (Hrsg.): Deutsche Literaturgeschichte in einem Band. Berlin: Volk und Wissen 1968, S. 352

Theodor Storm
Oktoberlied

Der Nebel steigt, es fällt das Laub;
Schenk ein den Wein, den holden!
Wir wollen uns den grauen Tag
Vergolden, ja vergolden!

Und geht es draußen noch so toll,
Unchristlich oder christlich,
Ist doch die Welt, die schöne Welt,
So gänzlich unverwüstlich!

Und wimmert auch einmal das Herz –
Stoß an und laß es klingen!
Wir wissen's doch, ein rechtes Herz
Ist gar nicht umzubringen.

Der Nebel steigt, des fällt das Laub;
Schenk ein den Wein, den holden!
Wir wollen uns den grauen Tag
Vergolden, ja vergolden!

Wohl ist es Herbst; doch warte nur,
Doch warte nur ein Weilchen!
Der Frühling kommt, der Himmel lacht,
Es steht die Welt in Veilchen.

Die blauen Tage brechen an,
Und ehe sie verfließen,
Wir wollen sie, mein wackrer Freund,
Genießen, ja genießen!

(aus: Werke, hrsg. v. Th. Hertel, Leipzig o. J.)

Gottfried Keller

Die Zeit geht nicht

Die Zeit geht nicht, sie stehet still,
Wir ziehen durch sie hin;
Sie ist ein Karavanserai,
Wir sind die Pilger drin.

Ein Etwas, form- und farbenlos,
Das nur Gestalt gewinnt,
Wo ihr drin auf und nieder taucht,
Bis wieder ihr zerrinnt.

Es blitzt ein Tropfen Morgentau
Im Strahl des Sonnenlichts;
Ein Tag kann eine Perle sein
Und ein Jahrhundert nichts.

Es ist ein weißes Pergament
Die Zeit und jeder schreibt
Mit seinem roten Blut darauf,
Bis ihn der Strom vertreibt.

An dich, du wunderbare Welt,
Du Schönheit ohne End,
Auch ich schreib meinen Liebesbrief
Auf dieses Pergament.

Froh bin ich, daß ich aufgeblüht
In deinem runden Kranz;
Zum Dank trüb ich die Quelle nicht
Und lobe deinen Glanz.

1851 v

(aus: Werke, hrsg. v J. Keller. Zürich: Atlantis 1951)

1. Wodurch gibt sich Kellers Gedicht als Gedankenlyrik zu erkennen?
2. Versuchen Sie aufzuzeigen, inwieweit die Metaphern/Bilder untereinander gedanklich verbunden sind, die Keller für die Zeit eingesetzt hat.
3. Falls Sie in Kellers Umschreibung der Zeit Widersprüche entdecken, die Sie nicht miteinander vereinbaren können, hilft Ihnen möglicherweise eine Diskussion über die zwei folgenden Zitate weiter:

„Doch dort, wo er (Gottfried Keller) Rhythmus, Klang, Bildassoziation freieren Lauf läßt, so daß die Verse ohne längere Transmission verkörpern, was zum Ausdruck drängt, zeigt das Gedicht unter der Decke eines festen Metrums eine höchst bewegte Gestalt, einen Wechsel von Bildsplittern in unruhigem Rhythmus. Die Bilder, weniger nach dem, was sie etwa ‚bedeuten', betrachtet, als nach dem, was sie ‚sind', erweisen sich nicht als ein geschlossener Bilderkranz, sondern als ein zerstückter Strom: jedes einzelne Wort hat scharfe Bruchränder zum anderen hin, beschränkt sich auf sich selbst und hat doch mit den übrigen zu tun, indem es sie nach sich zieht, sie mit hervorruft. So entsteht eine Gedicht-Gestalt, die nicht entschieden ist, die, wenn man die Dichtung der letzten hundert Jahre betrachtet, auf einer entschiedenen Grenzlinie verharrt. Sie verharrt auf der Grenzlinie zwischen verbundenem Nacheinander und nicht unmittelbar verbundenem spannungsreichem Nebeneinander; zwischen Sukzession und Kaleidoskop; zwischen den Prägungen der ‚menschlichen' Zeit, d. h. einer Zeit, die scheinbar die Bewegung dessen annimmt, der von der Geburt zum Tod hin fortschreitet, und der ‚anderen' Zeit, die nicht irdisch meßbar ist."[1]

„Kellers Wirklichkeit wird offenbar in dem Zwiespalt der intendierten Idee von der still stehenden Zeit und der Gedichtgestalt des zerstückten Stromes. Die Gedichtgestalt wächst über die Festlegungen hinaus, vermag das systematisch nicht Festlegbare, die Imponderabilien und Zwischenzustände und die Ahnung von einer weder ruhenden noch sich bewegenden Zeit mit in Sprache zu bringen. Sie rückt die andere Zeit ans Bewußtsein heran, die nicht zu beschreiben ist, und macht den Blick möglich, der ‚tausend Existenzen tausend verschiedener Zeiträume' zumal auffaßt. – In der Gestalt des Gedichts verkörpert sich der ruhelose Versuch, zur anderen Zeit vorzudringen."[2]

1 Walter Höllerer: Interpretation von „Die Zeit geht nicht". – In: Benno von Wiese (Hrsg.): Die deutsche Lyrik II. Düsseldorf: Bagel 1959, S. 204 f.

2 a.a.O., S. 211

Stefan George
Nach der lese

Komm in den totgesagten park und schau!
Der schimmer ferner lächelnder gestade
Der reinen wolken unverhofftes blau
Erhellt die weiher und die bunten pfade.

Dort nimm das tiefe gelb das weiche grau
Von birken und von buchs · der wind ist lau
Die späten rosen welkten noch nicht ganz
Erlese küsse sie und flicht den kranz

Vergiss auch diese letzten astern nicht!
Den purpur um die ranken wilder reben
Und auch was übrig blieb von grünem leben
Verwinde leicht im herbstlichen gesicht.

1897 v

(aus: Werke. Ausgabe in zwei Bänden. Stuttgart: Klett-Cotta ^{4}1984)

Die Verse Stefan Georges – so auch dieses 1897 in dem Zyklus „Das Jahr der Seele" veröffentlichte Eingangsgedicht – können leicht als nur dem Augenblick verhaftete Erlebnislyrik mißverstanden werden. Die folgenden Zitate sollen eine literarhistorische Einordnung Georges erleichtern und sein Selbstverständnis als Dichter klären.

„Stefan George, der moderne Artist, der Dichter und Verkünder eines kühlen, durchdachten und raffinierten Kunstevangeliums, der Gestalter der reinen, klaren und starren Kunstlandschaften des Algabal im Medium einer vollkommen durchgearbeiteten und von allem Überflüssigen befreiten gereinigten Sprache, der sehr genau erkannt hatte, was die Moderne ist, ... hält zugleich doch am altertümlich-feierlichen Bilde des Sehers, des Lehrers und des Meisters, ja des Führers, fest. Er, der als Ästhet, als Dichter der europäischen Dekadenz nach Nietzsche und als Dandy begonnen hatte, erhob sich zum Richter und Künder und verwahrte sich nicht gegen die Legendenbildung seines ‚Kreises', der wissen ließ, Stefan George habe Nietzsche nicht allein aufgenommen, sondern fortgeführt und sogar überboten."[1]

„George gibt sich nicht preis. ‚Verwahrung' heißt das Zauberwort. Dementsprechend verweigert er sich bestimmten Erfahrungen, vollzieht die Entsakralisierung des dichterischen Sujets, der dichterischen Topoi und auch des Dichters als Subjekt nicht nach; dementsprechend scheidet er aus dem dichterischen Korpus alles das aus, was ihm widrig und häßlich dünkt."[2]

1 Ralph-Rainer Wuthenow: Zur Lyrik Stefan Georges: Zwei Gedichte aus dem Jahr der Seele. – In: Gedichte und Interpretationen, Bd. 5, hrsg. von Harald Hartung. Stuttgart: Reclam 1983, S. 68 ff.
2 a.a.O., S. 69

Als Dichter gelingt es George, „die sentimental gewordene und zur privaten Gefühlsäußerung verkommene Erlebnislyrik zu verabschieden. Nicht mehr wird ein Gedicht das ‚Erlebnis', also eine Art von Sensation, thematisiert und typisiert, sondern der Dichter erfährt, sieht und empfindet hier bereits typisierend, dies sozusagen vor dem eigentlich dichterischen Prozeß, er erfährt schon als Künstler; denn er steht ästhetisch im Leben und zwischen den Menschen."[3]

Ein besonderes Problem ist noch, weshalb George im „Jahr der Seele" nicht die frei wachsende Natur thematisiert und weshalb er sich unter Ignorierung des Frühlings auf den Herbst konzentriert. „Im Gegensatz zu Goethe und seinen Nachfolgern erblickt George in der herbstlichen Parknatur eine gerade erst mit der Abdankung der wachstümlichen Naturmächte freiwerdende Formkraft, und diese wird ihm in demselben Sinne Symbol für seinen über alle Natur hinausgreifenden Kunstwillen, wie einst Goethe das Erwachen der Frühlingswelt für einen unbändigen Drang zu künstlerischem Schaffen als Sinnbild wählte. Der Herbst erhält also im ‚Jahr' Georges den Vorrang, weil er (...) die Natur zum Artifiziellen hin verändert. Artificium aber ist das Werk des Künstlers."[4]

1. Dieses Gedicht ist dem ersten Abschnitt des o. a. Zyklus mit dem Titel „Nach der lese" entnommen. Woran wird deutlich, daß George die Requisiten seiner Verse im Sinne von Auslese ästhetisch abgehobener, besonders schöner Dinge versteht?
2. Welcher Wortart kommt bei der artifiziellen Verklärung der Parknatur ein besonderes Gewicht zu?
3. Die vorausgegangenen Zitate verdeutlichen, daß die Form der Lyrik für George eine überragende Rolle spielt. Charakterisieren Sie Metrum und Rhythmus sowie die Reime, mit denen er seinen Versen Ausgewogenheit und ein festes Gepräge gibt.
4. An welcher Stelle geht das Gedicht über die Darstellung der Jahreszeit hinaus und macht die Natur zum Symbol eines Lebensstils, der sich von Beschwernissen des Alltags nicht anfechten lassen soll?

3 a.a.O., S. 71 f.
4 Paul Gerhard Klussmann: Stefan George: Wir schreiten auf und ab im reichen Flitter. – In: Benno von Wiese (Hrsg.): Die deutsche Lyrik, Bd. 2, a.a.O., S. 272

Rainer Maria Rilke
Sei allem Abschied voran

Sei allem Abschied voran, als wäre er hinter
dir, wie der Winter, der eben geht.
Denn unter Wintern ist einer so endlos Winter,
daß, überwinternd, dein Herz überhaupt übersteht.

Sei immer tot in Eurydike –, singender steige,
preisender steige zurück in den reinen Bezug.
Hier, unter Schwindenden, sei, im Reiche der Neige,
sei ein klingendes Glas, das sich im Klang schon zerschlug.

Sei – und wisse zugleich des Nicht-Seins Bedingung,
den unendlichen Grund deiner innigen Schwingung,
daß du sie völlig vollziehst dieses einzige Mal.

Zu dem gebrauchten sowohl, wie zum dumpfen und stummen
Vorrat der vollen Natur, den unsäglichen Summen,
zähle dich jubelnd hinzu und vernichte die Zahl.

1923 v

(aus: Sämtliche Werke, hrsg. v E. Zinn. Frankfurt/Main: Insel 1975)

Ihr Versuch der Interpretation dieses Sonetts soll durch ein Zitat erleichtert werden, das sie im Verlaufe Ihrer Deutung mehrfach lesen sollten.

„Seine (des Orpheus', E. M.) Ungeduld zum Leben, so sieht es damals Rilke, sein egoistischer Besitzanspruch verfehlen die spezifische Qualität von Eurydikes Tot-Sein, das gleich zweifach auf Kunst verweist: als Voraussetzung für die Welt-Schöpfung in Orpheus' Klage und als Analogie zum In-sich-Ruhen des Kunstwerks. Das späte Sonett greift diese bis in die Romantik zurückreichende Annäherung von Unterwelt/Tod und Kunstwelt auf. Sein Orpheus – ist er Angeredeter oder Sprecher des Gedichts? – wird zum Exempel einer genuin künstlerischen Haltung, die den Tod ‚in Eurydike' auf sich nimmt (der kühne Ausdruck knüpft an das Paulinische ‚in Christo' an), die durch den Tod geschaffene Distanz als Voraussetzung jenes ‚reinen Bezugs' erkennt, der für Rilke – im Gegensatz zum geschmähten Besitz – dichterische Produktion (‚Singen', ‚Preisen') allererst ermöglicht."[1]

1. Welche Aussageweise wird in der bestimmenden Satzart des Sonetts deutlich?
2. Wer ist der Adressat des Gedichtes?

1 Peter Sprengel: Orphische Dialektik. Zu Rilkes Sonett „Sei allem Abschied voran" (Sonette an Orpheus II, 13) – In: Harald Hartung (Hrsg.): Gedichte und Interpretationen, Bd. 5. Stuttgart: Reclam 1983, S. 247

3. Rilke versucht, Widersprüche in der Schwebe zu halten bzw. sie aufzuheben. Führen Sie alle Zeilen auf, die widersprüchlich erscheinen.
4. Informieren Sie sich über die klassische Sage von Orpheus und Eurydike. Welche Bezüge des Sonetts verweisen auf das Todesmotiv dieser Sage? Welche Imperative artikuliert Rilke, um den Tod überwinden zu können?
5. Wie soll der ersehnte „reine Bezug" erreicht werden?
6. Vergleichen Sie das Vokabular der Quartette und Terzette. Welche Veränderungen hat Rilke in den Terzetten vorgenommen?
7. Weisen Sie an der Diktion nach, daß Rilke mit diesem Sonett ein letztes, unbedingtes Ziel anstrebte.

Georg Heym

Der Gott der Stadt

Auf einem Häuserblocke sitzt er breit.
Die Winde lagern schwarz um seine Stirn.
Er schaut voll Wut, wo fern in Einsamkeit
Die letzten Häuser in das Land verirrn.

Vom Abend glänzt der rote Bauch dem Baal,
Die großen Städte knien um ihn her.
Der Kirchenglocken ungeheure Zahl
Wogt auf zu ihm aus schwarzer Türme Meer.

Wie Korybanten-Tanz dröhnt die Musik
Der Millionen durch die Straßen laut.
Der Schlote Rauch, die Wolken der Fabrik
Ziehn auf zu ihm, wie Duft von Weihrauch blaut.

Das Wetter schwelt in seinen Augenbrauen.
Der dunkle Abend wird in Nacht betäubt.
Die Stürme flattern, die wie Geier schauen
Von seinem Haupthaar, das im Zorne sträubt.

Er streckt ins Dunkel seine Fleischerfaust.
Er schüttelt sie. Ein Meer von Feuer jagt
Durch eine Straße. Und der Glutqualm braust
Und frißt sie auf, bis spät der Morgen tagt.

1910 e

(aus: Dichtungen und Schriften, hrsg. v. K. L. Schneider. Hamburg: Ellermann 1964, jetzt München)

Die Gedichte Heyms kann man von ihrem thematischen Schwerpunkt her und aus der beginnenden Epoche des Expressionismus verstehen.

a) Zum thematischen Schwerpunkt: Eine wichtige, „Der ewige Tag“ betitelte Gedichtsammlung Heyms erschien 1911. Die Gedichte „bringen meist Dämonie und Fluch der Großstadt Berlin zum Ausdruck, bevorzugen das Morbide und Grausige. Tote, Blinde, Irre, Verfluchte, Gefangene, Bilder aus Not, Krieg und Umsturzzeiten als Hauptthemen.“[1]

b) Zur Epoche des Expressionismus: Georg Heym, der von 1887 bis 1912 lebte, kann nicht direkt zu den Expressionisten gezählt werden; denn die meisten Literaturgeschichten setzen die Epoche des Expressionismus von 1910 bis 1925 an. Aber Heym nahm wichtige Merkmale dieses Zeitabschnitts voraus. Dazu gehören:
   - das Fühlen und Denken in Visionen und Mythen
   - die Disharmonie und Anarchie der Welt
   - die negative Sicht von Industrialisierung und Mechanisierung, die als Bedrohung des Humanen empfunden wurden
   - die Kampfansage gegen Krieg und Gewalt
   - der intensive, teils übersteigerte Ausdruck von Gefühlen
   - die wütende Wucht der Bilder und Metaphern
   - das assoziative Denken
   - das Verständnis von Dichtung als Verkündigung.

1. Welches mythische Bild beherrscht das Gedicht?
2. Vergewissern Sie sich in einem Lexikon, was das für ein Gott ist, den Heym als ‚Baal‘ bezeichnet.
3. Welche Attribute schreibt Heym diesem Gott der Stadt zu?
4. Erörtern Sie, ob das gesamte Gedicht eher als Bild oder als Metapher zu verstehen ist. Beachten Sie in diesem Zusammenhang die Funktion der Farben.
5. Stellen Sie eine Verbindung zwischen dem jambischen Metrum und dem Gehalt des Gedichtes her.
6. Versuchen Sie eine Erklärung für die männlichen Versausgänge zu finden.
7. Inwiefern enthalten diese Verse eine indirekte Kritik an der Industrialisierung?
8. Welche der vorher erwähnten Merkmale des Expressionismus treffen auf das Gedicht zu?

1 H. A. und E. Frenzel: Daten deutscher Dichtung, Bd. II, a.a.O., S. 173

Georg Trakl
Grodek

Am Abend tönen die herbstlichen Wälder
Von tödlichen Waffen, die goldnen Ebenen
Und blauen Seen, darüber die Sonne
Düstrer hinrollt; umfängt die Nacht
Sterbende Krieger, die wilde Klage
Ihrer zerbrochenen Münder.
Doch stille sammelt im Weidengrund
Rotes Gewölk, darin ein zürnender Gott wohnt
Das vergoßne Blut sich, mondne Kühle;
Alle Straßen münden in schwarze Verwesung.
Unter goldnem Gezweig der Nacht und Sternen
Es schwankt der Schwester Schatten durch den schweigenden Hain,
Zu grüßen die Geister der Helden, die blutenden Häupter;
Und leise tönen im Rohr die dunkeln Flöten des Herbstes.
O stolzere Trauer! ihr ehernen Altäre
Die heiße Flamme des Geistes nährt heute ein gewaltiger Schmerz,
Die ungebornen Enkel.

1914 e

(aus: Dichtungen und Briefe, hrsg. v. W. Killy und H. Szklenar. Salzburg: O. Müller 1969)

Zum tieferen Verständnis dieses Gedichtes verhelfen einige biographische Notizen:

„Grodek gehört zu den drei letzten Gedichten Trakls, die er kurz vor seinem Tode im Oktober 1914 schrieb. Die Überschriften der beiden anderen Gedichte sind ‚Im Osten' und ‚Klage'. Alles, was Trakl in dem Gedicht ‚Trübsinn' an Weltunglück vorbenannt, was er dem Anschein nach nur in seiner Phantasie imaginiert hatte, mußte er inzwischen mit eigenen Augen und Ohren, am eigenen Herzen erfahren. (...)

Ende August 1914 rückte Trakl als Medikamentenakzessist im Leutnantsrang mit einer Innsbrucker Sanitätskolonne nach Galizien ins Feld. Nach der Schlacht bei Grodek hatte er in einer Scheune neunzig Schwerverwundete zu betreuen, ohne ihnen helfen zu können. In höchster Verzweiflung versuchte er, sich zu erschießen. Kameraden nahmen ihm die Waffe ab."[1]

1. Führen Sie im einzelnen auf, was Ihnen an diesem Gedicht von 1914 modern erscheint?
2. In welchen Zeilen und Wortgruppen haben sich Schrecken und Schmerz des Krieges verdichtet?
3. Welche Wortverbindungen kann man als Chiffren für zerstörte Schönheit verstehen?
4. Welche Syntagmen werden durch die Wortstellung akzentuiert?
5. Wo hat Trakl eine räumlich/zeitliche Simultaneität der Vergänglichkeit dargestellt?
6. Welche Teile des Gedichtes entziehen sich einer klaren logischen Deutung im Sinne des folgenden Zitats: „Es (das moderne Gedicht) besitzt, häufiger noch als das klassische Gedicht, mehrere einander übersteigende Bedeutungsschichten, deren letzte sich nicht selten der Sinndeutung entzieht."[2]

1 Walter Höllerer: Interpretation von Georg Trakl: „Grodek" – In: Benno von Wiese (Hrsg.): Die deutsche Lyrik, Bd. II, a.a.O., S. 419
2 Urbanek: lyrische signaturen, a.a.O., S. 512

Gottfried Benn
Einsamer nie –

Einsamer nie als im August:
Erfüllungsstunde – im Gelände
die roten und die goldenen Brände,
doch wo ist deiner Gärten Lust?

Die Seen hell, die Himmel weich,
die Äcker rein und glänzen leise,
doch wo sind Sieg und Siegsbeweise
aus dem von dir vertretenen Reich?

Wo alles sich durch Glück beweist
und tauscht den Blick und tauscht die Ringe
im Weingeruch, im Rausch der Dinge –:
dienst du dem Gegenglück, dem Geist.

1936 v

(aus: Statische Gedichte. Zürich: Verlag der Arche 1948)

Schon aus dem Leben Gottfried Benns läßt sich einiges hervorheben, das nicht alltäglich ist, z. B. daß er sich 1933 der nationalsozialistischen Bewegung anschloß, die er jedoch schon 1935 enttäuscht verließ. Ungewöhnlich war auch, daß er von seinen militärischen Vorgesetzten geschützt wurde, obwohl er sich von den Nationalsozialisten abgewandt hatte.

Das eigentlich Signifikante an diesem Leben ist aber die künstlerische Rezeption. Es gibt im deutschen Sprachraum wohl kaum einen Dichter, der so energisch die Kunst als Stil gegen jeden Versuch verteidigt hat, sie zu instrumentalisieren. Die Überzeugung, daß Kunst als Gestaltung das einzig wirklich Seiende sei, machte ihn selbst gegenüber der Geschichte und den Systemzwängen der Philosophie mißtrauisch. „Er ist als Anti-Aufklärer, der tief pessimistische Einzelne, der aus ‚Entwicklungsfremdheit' und gegen jeden ‚Verknüpfungsdrang' ... nur der Kunst, dem vollständig ruhenden, nirgendwo entfaltbaren Sein des gestalteten Werkes Rang zumißt (und wohl auch allein Sinn, der der Selbstbewahrung im gestaltlos Flutenden)."[1] Von daher ist auch sein vielzitiertes Wort zu verstehen: „Stil ist der Wahrheit überlegen, er trägt in sich den Beweis der Existenz."

1. Welche Antithese bestimmt das Gedicht? Machen Sie sich von diesem Gegensatz ausgehend den Aufbau klar.
2. Wer ist der Adressat des Gedichtes?
3. Wie erklären Sie es sich, daß Gottfried Benn in diesem Gedicht auf traditionelle Stilmittel wie Reime und eine logisch eindeutige Syntax verzichtete?
4. Inwieweit wird die Polarität des Gedichtes durch die Lautkombinationen unterstrichen?
5. Gottfried Benn gilt als Meister der rhythmischen Gestaltung. Beachten Sie, welche Worte durch metrischen Wechsel von Daktylen und Jamben, durch Gedankenstriche und durch den Wechsel zwischen männlichen und weiblichen Versausgängen akzentuiert werden?
6. Setzen Sie sich anhand einer theoretischen Schrift Benns, z. B. seines Vortrags „Probleme der Lyrik" (1951) (s. auch S. 7f.) kritisch mit seiner Kunstauffassung auseinander.

1 Manfred Seidler: Moderne Lyrik im Deutschunterricht. Frankfurt: Hirschgraben ^{4}1971, S. 47

Gottfried Benn

Ein Wort

Ein Wort, ein Satz –: aus Chiffren steigen
erkanntes Leben, jäher Sinn,
die Sonne steht, die Sphären schweigen
und alles ballt sich zu ihm hin.

Ein Wort – ein Glanz, ein Flug, ein Feuer,
ein Flammenwurf, ein Sternenstrich –
und wieder Dunkel, ungeheuer,
im leeren Raum um Welt und Ich.

1941 v

(aus: Statische Gedichte. Zürich: Verlag der Arche 1948)

1. Welche große Kraft schreibt Gottfried Benn dem Worte zu?
2. Welchen Zusammenhang sehen Sie zwischen der hohen Gewichtung des Wortes und Benns künstlerischer Konzeption?

Bertolt Brecht

An die Nachgeborenen

I

Wirklich, ich lebe in finsteren Zeiten!
Das arglose Wort ist töricht. Eine glatte Stirn
Deutet auf Unempfindlichkeit hin. Der Lachende
Hat die furchtbare Nachricht
Nur noch nicht empfangen.

Was sind das für Zeiten, wo
Ein Gespräch über Bäume fast ein Verbrechen ist
Weil es ein Schweigen über so viele Untaten einschließt!
Der dort ruhig über die Straße geht
Ist wohl nicht mehr erreichbar für seine Freunde
Die in Not sind?

Es ist wahr: ich verdiene noch meinen Unterhalt
Aber glaubt mir: das ist nur ein Zufall. Nichts
Von dem, was ich tue, berechtigt mich dazu, mich sattzuessen.
Zufällig bin ich verschont. (Wenn mein Glück aussetzt, bin ich verloren.)

Man sagt mir: Iß und trink du! Sei froh, daß du hast!
Aber wie kann ich essen und trinken, wenn
Ich dem Hungernden entreiße, was ich esse, und
Mein Glas Wasser einem Verdurstenden fehlt?
Und doch esse und trinke ich.

Ich wäre gerne auch weise.
In den alten Büchern steht, was weise ist:
Sich aus dem Streit der Welt halten und die kurze Zeit
Ohne Furcht verbringen
Auch ohne Gewalt auskommen
Böses mit Gutem vergelten
Seine Wünsche nicht erfüllen, sondern vergessen
Gilt für weise.
Alles das kann ich nicht:
Wirklich, ich lebe in finsteren Zeiten!

II

In die Städte kam ich zur Zeit der Unordnung
Als da Hunger herrschte.
Unter die Menschen kam ich zu der Zeit des Aufruhrs
Und ich empörte mich mit ihnen.
So verging meine Zeit
Die auf Erden mir gegeben war.

Mein Essen aß ich zwischen den Schlachten
Schlafen legte ich mich unter die Mörder
Der Liebe pflegte ich achtlos
Und die Natur sah ich ohne Geduld.
So verging meine Zeit
Die auf Erden mir gegeben war.

Die Straßen führten in den Sumpf zu meiner Zeit.
Die Sprache verriet mich dem Schlächter.
Ich vermochte nur wenig. Aber die Herrschenden
Saßen ohne mich sicherer, das hoffte ich.
So verging meine Zeit
Die auf Erden mir gegeben war.

Die Kräfte waren gering. Das Ziel
Lag in großer Ferne
Es war deutlich sichtbar, wenn auch für mich
Kaum zu erreichen.
So verging meine Zeit
Die auf Erden mir gegeben war.

III

Ihr, die ihr auftauchen werdet aus der Flut
In der wir untergegangen sind
Gedenkt
Wenn ihr von unseren Schwächen sprecht
Auch der finsteren Zeit
Der ihr entronnen seid.

Gingen wir doch, öfter als die Schuhe die Länder wechselnd
Durch die Kriege der Klassen, verzweifelt
Wenn da nur Unrecht war und keine Empörung.

Dabei wissen wir doch:
Auch der Haß gegen die Niedrigkeit
Verzerrt die Züge.
Auch der Zorn über das Unrecht
Macht die Stimme heiser. Ach, wir
Die wir den Boden bereiten wollten für Freundlichkeit
Konnten selber nicht freundlich sein.

Ihr aber, wenn es so weit sein wird
Daß der Mensch dem Menschen ein Helfer ist
Gedenkt unsrer
Mit Nachsicht.

1933/38 e

(aus: Gesammelte Werke in acht Bänden. Frankfurt/Main: Suhrkamp 1967)

1. Beachten Sie die unterschiedlichen Verbtempora der drei Teile dieses Gedichtes sowie die Anreden des ersten und des dritten Teils. Versuchen Sie unter Berücksichtigung der Biographie Brechts zu erschließen, wer die Adressaten der drei Teile sind.
2. Erschließen Sie die Thematik jedes der drei Teile und formulieren Sie, wie diese zusammenhängen.
3. Welche Formgesetze bestimmen dieses Gedicht außer der Reimlosigkeit und den unregelmäßigen Rhythmen?
4. In welchen Strophen kontrastieren die beiden großen Themen, das gemeinsame Charakteristikum der gesamten Brechtschen Exillyrik[1], das Individuell-Erlebnishafte und die Programmatik des politischen Kampfes, besonders deutlich?
5. Wo und inwieweit schränkt Brecht das im zweiten Teil angegebene Ziel ein?
6. Wägen Sie das Gedicht zwischen den Polen Resignation und Zukunftsgläubigkeit ab. Welche Position überwiegt Ihrer Meinung nach?

1 Vgl. Peter Paul Schwarz: Lyrik und Zeitgeschichte, Heidelberg 1978, S. 13f.

Paul Celan
Espenbaum

Espenbaum, dein Laub blickt weiß ins Dunkel.
Meiner Mutter Haar ward nimmer weiß.

Löwenzahn, so grün ist die Ukraine.
Meine blonde Mutter kam nicht heim.

Regenwolke, säumst du an den Brunnen?
Meine leise Mutter weint für alle.

Runder Stern, du schlingst die goldene Schleife.
Meiner Mutter Herz ward wund von Blei.

Eichne Tür, wer hob dich aus den Angeln?
Meine sanfte Mutter kann nicht kommen.

1952 v

(aus: Mohn und Gedächtnis. Stuttgart: Deutsche Verlags-Anstalt 1952)

Dieses 1952 in der Sammlung „Mohn und Gedächtnis" veröffentlichte Gedicht ist erst mit einigen Lebensdaten Paul Celans in vollem Umfang zu verstehen.

Der jüdische Dichter heißt eigentlich Paul Antschel und wurde 1920 in Czernowitz (Bukowina) geboren. Der wichtigste Aufenthaltsort seines Lebens war Paris, wo er vor dem 2. Weltkrieg zunächst Medizin studierte und seine ersten dichterischen Versuche an den Surrealisten orientierte. Von den Nazis verfolgt, kehrte er 1948 nach einem Aufenthalt in Wien (1947) nach Paris zurück, wo er nach dem Studium der Sprachwissenschaft Lehrer an der Ecole Normale Supérieure bis zu seinem Tode durch Selbstmord 1970 war. Seine Eltern kamen in Vernichtungslagern um. Die Betroffenheit durch dieses Schicksal wird u. a. in der „Todesfuge" thematisiert, die als sein bekanntestes Gedicht gilt.

Celans zugleich surrealistische und symbolische Dichtung erreicht einen hohen Grad hermetischer, d. h. dem unmittelbaren Verständnis sich verschließender Verrätselung des Sinns, z. B. in den Sammlungen „Sprachgitter" (1959) und „Die Niemandsrose" (1963). Dies ist durch seine Erkenntnis ausgelöst, daß die poetische Sprache den zweckgebundenen Mitteilungscharakter der Verkehrssprache zu übersteigen hat und auf wenige assoziationsreiche Wörter zu reduzieren ist, die Phantasie und Erkenntnis freisetzen.

Wir haben mit den Versen „Espenbaum" ein Beispiel der weniger verschlüsselten Gedichte Celans gewählt, weil die späteren Produktionen des Autors intensives Studium und Erfahrung im Umgang mit moderner Lyrik voraussetzen.

1. Inwiefern bezieht sich das Gedicht auf das persönliche Schicksal Celans?
2. Versuchen Sie das ihm zugrundeliegende Gestaltungsprinzip zu entdecken. Die Stichwörter ‚Assoziationen, Parallelismen, Antithese, Wortstellung' sollen Ihnen dabei helfen.
3. Woran liegt es, daß die (An)Klage dieser Verse mehr erschüttern mag als der Appell vieler Gedichte, die sich als politische Lyrik zu erkennen geben?

Peter Huchel
Winterpsalm

Da ich ging bei träger Kälte des Himmels
Und ging hinab die Straße zum Fluß,
Sah ich die Mulde im Schnee,
Wo nachts der Wind
Mit flacher Schulter gelegen.
Seine gebrechliche Stimme,
In den erstarrten Ästen oben,
Stieß sich am Trugbild weißer Luft:
„Alles Verscharrte blickt mich an.
Soll ich es heben aus dem Staub
Und zeigen dem Richter? Ich schweige.
Ich will nicht Zeuge sein."
Sein Flüstern erlosch,
Von keiner Flamme genährt.

Wohin du stürzt, o Seele,
Nicht weiß es die Nacht. Denn da ist nichts
Als vieler Wesen stumme Angst.
Der Zeuge tritt hervor. Es ist das Licht.

Ich stand auf der Brücke,
Allein vor der trägen Kälte des Himmels.
Atmet noch schwach,
Durch die Kehle des Schilfrohrs
Der vereiste Fluß?

1962 v

(aus: Chauseen Chauseen. Frankfurt/Main: S. Fischer 1963)

„Auch dieser Text will für sich selber stehen und sich nach Möglichkeit behaupten gegen seine Interpreten, gegen etwaige Spekulationen, Erhellungen und Biographismen, womit dem Interpreten keineswegs das Recht abgesprochen sei, mit legitimen Mitteln den Text zu deuten und dessen einzelne Schichten aufzudecken."[1] Obwohl Peter Huchel sich gegen Interpreten verwahrt, die allzu direkt und unzutreffend Bezüge zwischen dem Leben des Autors und seinem Werk herstellen, ist gerade in seinem Falle ein Hintergrundwissen von dem Lebensraum des Dichters und seinem Schaffen hilfreich. In dem Band „Doppelinterpretationen" hat auch der Interpret Hans Mayer, dem Huchel den Winterpsalm gewidmet hat, nicht ganz mit allen biographischen Fakten zurückgehalten.

1 Peter Huchel: Einleitung der Selbstinterpretation von „Winterpsalm". – In: Hilde Domin: Doppelinterpretationen, a.a.O., S. 96

„Ihn (den Winterpsalm) las man zuerst in dem – je nach Standpunkt – berühmt-berüchtigten Abschiedsheft der Zeitschrift ‚Sinn und Form'. Abschiedsheft insofern, als Peter Huchel zu Ende des Jahres 1962 die Leitung der von ihm gegründeten und vierzehn Jahre lang redigierten Revue abzugeben hatte. Nach wie vor erscheinen zwar jährlich noch Hefte unter demselben Titel, mit der vertrauten Typographie, trotzdem aber bedeutete jene Doppelnummer des Jahresendes 1962 nichts anderes als Abschied, Zusammenbruch, Liquidation. Dies gehört zur Substanz des Winterpsalm betitelten Gedichts."[2]

Die entscheidenden Lebensdaten Huchels hat Manfred Seidler festgehalten: „1903 in Berlin geboren. Studierte Literaturwissenschaft und Philosophie. Mitarbeiter der Literarischen Welt bis 1933. Verhinderte nach 1933 die Veröffentlichung seines mit einem Preis bedachten Gedichtbandes „Der Knabenteich". Schrieb danach nur unpolitische Funkdichtungen. Seit 1940 Soldat. Nach der Rückkehr aus russischer Gefangenschaft 1945 Lektor, Chefdramaturg und Sendeleiter des Ostberliner Rundfunks. Seit 1948 Chefredakteur der literarischen Zeitschrift „Sinn und Form", die unter seiner Leitung auch im Westen Ansehen gewann. 1962 verfiel seine Tätigkeit der parteiamtlichen Kritik. 1948 erschien sein Band Gedichte, 1963 ‚Chausseen, Chauseen'. 1965 erhielt er den Preis der Jungen Generation. Eine Sammlung seiner Gedichte 1925–1947 erschien unter dem Titel ‚Die Sternenreuse' 1967. Lebt in Potsdam."[3]

1. Informieren Sie sich in einem literarischen Lexikon über den Begriff ‚Psalm'.
2. Nach Gero von Wilpert „Sachwörterbuch der Literatur" ist den biblischen Psalmen die Heilsgewißheit gemeinsam. Der Begriff Heilsgewißheit beinhaltet Hoffnung. Können Sie nach dem ersten Lesen in dem Gedicht Huchels Anzeichen von Hoffnung entdecken? Wie erklären Sie sich in diesem Zusammenhang die Überschrift „Winterpsalm"?
3. Zeichnen Sie den Aufbau des auf den ersten Blick verwirrenden Gedichtes nach. Beachten Sie dabei die Rolle des lyrischen Ich, die Stimme des Windes und den Sprecher des inneren Monologs. (Mit wem ist er identisch?)
4. In welchen Metaphern wird das Motiv der Schuld abgehandelt?
5. Was verhindert, daß die Schuld zur Sprache kommt?
6. Sammeln Sie jetzt alle Metaphern des Gedichtes. Sie erlauben aus einer langen Tradition heraus Gleichungen, wie z. B. Fluß des Lebens.
7. Um das übergeordnete Motiv des Gedichts zu finden, ist es sinnvoll, die Adjektiv- und Substantiv-Verbindungen zusammenzustellen. Machen Sie sich klar, daß am Anfang von „träger Kälte", am Ende vom „vereisten Fluß" die Rede ist.
8. Setzt Huchel eine Hoffnung in den Auftritt des Lichtes als Zeugen? Geht von dem Gedicht überhaupt ein Hoffnungsschimmer aus?
9. Welchen Zusammenhang legt H. Mayer nahe zwischen Huchels Niederlegung der Schriftleitung von „Sinn und Form" und dem Erscheinen des Winterpsalms in der letzten von Huchel betreuten Nummer dieser Zeitschrift?

2 a.a.O., S. 98
3 Moderne Lyrik im Deutschunterricht, a.a.O., S. 94

Günter Eich

Augenblick im Juni

Wenn das Fenster geöffnet ist,
Vergänglichkeit mit dem Winde hereinweht,
mit letzten Blütenblättern der roten Kastanie
und dem Walzer „Faszination“
von neunzehnhundertvier,
wenn das Fenster geöffnet ist
und den Blick freigibt auf Floßhafen und Stapelholz,
das immer bewegte Blattgewirk der Akazie, –
wie ein Todesurteil ist der Gedanke an dich.
Wer wird deine Brust küssen
und deine geflüsterten Worte kennen?

Wenn das Fenster geöffnet ist
und das Grauen der Erde hereinweht –
Das Kind mit zwei Köpfen,
– während der eine schläft, schreit der andere –
es schreit über die Welt hin
und erfüllt die Ohren meiner Liebe mit Entsetzen.
(Man sagt, die Mißgeburten nähmen seit Hiroshima zu.)

Wenn das Fenster geöffnet ist, gedenke ich derer,
die sich liebten im Jahre neunzehnhundertundvier
und der Menschen des Jahres dreitausend,
zahnlos, haarlos.

Wem gibst du den zerrinnenden Blick, der einst mein war?
Unser Leben, es fähret schnell dahin als flögen wir davon
und in den Abgründen wohnt verborgen das Glück.

1955 v

(aus: Ausgewählte Gedichte, hrsg. v. W. Höllerer. Frankfurt/Main: Suhrkamp 1960)

Günter Eich gilt als der deutsche Dichter, der als erster nach dem Nationalsozialismus „Inventur“ machte. „1907 in Lebus im Oderbruch geboren. Studium der Sinologie und Volkswirtschaft. 1927 erste Gedichte unter Pseudonym. 1929 erstes Hörspiel. Seit 1932 lebte er als freier Schriftsteller in Berlin, Dresden, Paris. Sechs Jahre Soldat. Erster Preisträger der Gruppe 47 (1950). 1952 Hörspielpreis der Kriegsblinden. Georg-Büchner-Preis 1959. Letzte Gedichtveröffentlichungen ‚Zu den Akten‘, 1964, und ‚Anlässe und Steingärten‘, 1966.“[1]

1 Manfred Seidler, Moderne Lyrik im Deutschunterricht. Frankfurt: Hirschgraben ^{4}1971, S. 96

1. Welche Merkmale sind für die hier geschilderte Natur charakteristisch?
2. Welche Zeilen werden durch die Faszination der Natur kontrastiert?
3. Versuchen Sie, die Einzeleindrücke durch Benennung des Motivs zusammenzufassen.
4. Welche Funktion kommt hier dem Fenster zu, durch das die Natur wahrgenommen wird?
5. Vergleichen Sie die Rolle der Geliebten in diesem Gedicht mit der im „Mailied" Goethes (S. 70).
6. Vergleichen Sie die Einschätzung der Zeit bei Günter Eich und bei Keller „Die Zeit geht nicht" (S. 39).
7. Untersuchen Sie, wie die Kernaussage von „Augenblick im Juni" durch den Aufbau vorbereitet wird.
8. Weshalb verbieten sich Reime für dieses Gedicht?

Karl Krolow

Robinson

Immer wieder strecke ich meine Hand
Nach einem Schiff aus.
Mit der bloßen Faust versuche ich,
Nach seinem Segel zu greifen.
Anfangs fing ich
Verschiedene Fahrzeuge, die sich
Am Horizont zeigten.
Ich fange Forellen so.
Doch der Monsum sah mir
Auf die Finger
Und ließ sie entweichen,
Oder Ruder und Kompaß
Brachen. Man muß
Mit Schiffen zart umgehen.
Darum rief ich ihnen Namen nach.
Sie lauteten immer
17 Wie meiner.

Jetzt lebe ich nur noch
In Gesellschaft mit dem Ungehorsam
Einiger Worte.

1959 v

(aus: Ein Lesebuch. Frankfurt/Main: Suhrkamp 1975)

Karl Krolow wurde 1915 in Hannover geboren. Er studierte Philosophie und Philologie als Germanist und Romanist sowie Kunstgeschichte in Göttingen und Breslau. Seit 1956 lebt er als freier Schriftsteller in Darmstadt. Unter vielen Auszeichnungen Krolows ragt der 1956 verliehene Georg-Büchner-Preis hervor.

Das hier abgedruckte erste Robinson-Gedicht ist seinem wohl bedeutendsten Gedichtband „Fremde Körper“ (1959) entnommen.

1. Halten Sie aus Ihrer Erinnerung an den fiktiven Robinson-Roman von Defoe fest, was die Existenz des Inselbewohners bestimmt hat.
2. Nach genauem Lesen des Gedichtes und der Auffrischung Ihrer Erinnerungen an den Roman werden Sie jetzt das Motiv des Gedichtes benennen können.
3. Sicher können Sie ausgehend von Thema und Motiv erklären, warum das lyrische Ich in dem Gedicht so hervorgehoben wird und weshalb andere Personen gar nicht erscheinen.
4. Denken Sie über den Aufbau der Verse nach. Berücksichtigen Sie dabei den Abstand zwischen Zeile 17 und 18, die Temporaladverbien und den Wechsel der Tempora.
5. Auf einer vordergründigen Ebene ist leicht deutbar, weshalb Robinson die Hand nach einem Schiff ausstreckt. Spätestens durch den Vergleich mit dem Forellenfang wird aber klar, daß dem Schiff eine metaphorische, wenn nicht sogar symbolische Bedeutung zukommt. Tauschen Sie Ihre Assoziationen darüber aus.
6. Robinson, das lyrische Ich, spricht von der Vergeblichkeit seiner Versuche, die Schiffe einzufangen. Er liefert indirekt mehrere Erklärungen für seine Fehlgriffe. Entdecken Sie diese.
7. Robinson scheint auf dem richtigen Wege zu sein, indem er erkennt, daß man mit Schiffen zart umgehen muß. In welchem geistig- seelischen Zustand befindet er sich aber, wenn er den Schiffen Namen nachruft, die wie sein eigener lauten?
8. Beschreiben Sie den Zustand, in dem Robinson am Ende des Gedichtes (jetzt) ist. Darf man sagen, daß er nicht ganz einsam ist? Verstehen Sie den „Ungehorsam einiger Worte“ als Verstärkung seiner Einsamkeit, oder gibt es eine andere Möglichkeit der Deutung?
9. Versuchen Sie einen gedanklichen Zusammenhang der Metaphernkette ‚Schiffe, Forellen, Monsum, Ruder und Kompaß‘ herzustellen.
10. In dem wortkargen Gedicht fallen Partikel wie z. B. ‚immer wieder, anfangs, doch, darum, immer, jetzt, nur noch‘ stark ins Gewicht. Beschreiben Sie deren Funktion in einem zweiten gedanklichen Durchgang.
11. Abschließend wird es aufschlußreich für Sie sein, wie Krolow selbst und Benno von Wiese dieses Gedicht in dem Band „Doppelinterpretationen“, hrsg. von Hilde Domin, Frankfurt: Athenäum, gedeutet haben. Bitten Sie Ihren Lehrer um die Vermittlung dieser Interpretationen. Ein erneutes Gespräch über Inhalt und Form des Gedichtes wird sich wahrscheinlich ergeben.

Eugen Gomringer
worte sind schatten

worte sind schatten
schatten werden worte

worte sind spiele
spiele werden worte

sind schatten worte
werden worte spiele

sind spiele worte
werden worte schatten

sind worte schatten
werden spiele worte

sind worte spiele
werden schatten worte

1969 e

(aus: konstellationen, ideogramme, stundenbuch. Stuttgart: Reclam 1977)

Dieses Gedicht hat für Eugen Gomringer, wie aus den folgenden einführenden Zitaten hervorgeht, programmatische Funktion.

„‚knappheit im positiven sinne – konzentration und einfachheit – sind das wesen der dichtung', so lautet ein Satz in Eugen Gomringers erstem Manifest vom Vers zur Konstellation aus dem Jahre 1954."[1]

„Unter Konstellation verstehe ich die Gruppierung von wenigen, verschiedenen Worten, so daß ihre gegenseitige Beziehung nicht vorwiegend durch syntaktische Mittel entsteht, sondern durch ihre materielle, konkrete Anwesenheit im selben Raum. Dadurch entstehen statt der einen Beziehung meist deren mehrere in verschiedenen Richtungen, was dem Leser erlaubt, in der vom Dichter (durch die Wahl der Worte) bestimmten Struktur verschiedene Sinndeutungen anzunehmen und auszuprobieren. Die Haltung des Lesers der Konstellation ist die des Mitspielenden, die des Dichters, die des Spielgebenden."[2]

„worte sind druckerschwärze, worte sind wellen, worte sind projektionen, worte sind taten, worte sind gestalten, worte haben formen. man sagt auch: worte haben gewicht. was aber sind worte noch? darüber wollen wir schweigen. ich sage aber auch: worte sind spiele. spiele sind keine spielereien. spiele setzen lust, heiterkeit und bejahung voraus. wer worte als spiele erkennt, erkennt sie auch als schatten."[3]

1 Harald Hartung: vielleicht – Eine Konstellation Eugen Gomringers. – In: Gedichte und Interpretationen. Gegenwart. Bd. 6. Stuttgart: Reclam 1982, S. 151
2 zit. nach Harald Hartung: Experimentelle Literatur und konkrete Poesie. Göttingen 1975, S. 40f.
3 Eugen Gomringer: worte sind schatten. die konstellationen 1951–1968. Reinbek: Rowohlt 1969, S. 293

Aus diesen Zitaten gilt es für den Interpreten, vor allem zweierlei festzuhalten:

- Wenn Worte Spiele sind, fordern sie zum Experimentieren auf.
- Die konkrete Poesie Gomringers erlaubt dem Leser ausdrücklich, verschiedene Sinndeutungen vorzunehmen.

1. Mit wieviel Worten als Material kommt Gomringer in diesem Gedicht aus? Welche semantische Wirkung hat die Beschränkung auf das geringe Wortmaterial?
2. Durch welche Techniken der syntaktischen Fügung eröffnet Gomringer eine Vielzahl von Sinnkonstellationen?
3. Sie sehen die wenigen Nomina des Gedichtes in immer neuen Konstellationen. Es scheint, daß man nach den letzten Zeilen das Gedicht wieder von vorn beginnen lassen kann. Was tritt also an die Stelle des linearen Ablaufs in traditionellen Gedichten?
4. Gomringer führt in dem dritten Prosazitat vieles auf, was in der langen Tradition der Poetik über die Wirkung von Worten festgestellt wurde. Mit welcher Absicht betont er sowohl in diesem Zitat als auch in seinem Gedicht so sehr, daß Worte Spiele sind?

Franz Mon
schachzabel

reim dich oder ich freß dich
selberessen macht fett
dann mach endlich die zähne auseinander
gleich und gleich gesellt sich gern
und wohin mit der suppe
ist sowieso kein haar mehr drin
ich seh noch eins
ein haar macht noch keine suppe
dann kämmen wir uns noch schnell vor dem essen
und wer kocht
hunger
der feinschmecker? der kotzt, aber kocht nicht
wir lassen ihn mitessen. du wirst sehen, wie er spurt
ich habe aber keine spur von hunger
das macht nichts. ich esse dich mit

1967 e

(aus: Lesebuch. Neuwied: Luchterhand 1967)

Franz Mon hat sogenannte Zeige- und Sehtexte gestaltet, mit denen er sich nach einem Urteil von Helmut Heißenbüttel „in Deutschland vielleicht in exponiertester Stellung“[1] befindet. Zwei aufschlußreiche Interpretationen der typischen Texte Mons „es“ und „Textbild“ finden Sie in den Interpretationsbänden von Wolfgang Kopplin: Beispiele. Deutsche Lyrik ‚60–70‘. Paderborn: Schöningh 1969, S. 82f. („es“) und von Hartmut Müller: Formen moderner deutscher Lyrik. Paderborn: Schöningh, ³1978, S. 69f.

Wir haben uns in dieser Auswahl für das Gedicht „schachzabel“ entschieden, in dem das gleichsam autonom gewordene Sprachmaterial besonders tiefgründige inhaltliche Beziehungen hervorgebracht hat.

Franz Mons sprachliche Experimente lassen wie die Gomringers Raum für unterschiedliche Deutungen. Er verwehrt sich deshalb auch gegen eine Bevormundung des Lesers durch einen Interpreten. „Die Identifikation ist ja Sache des einzelnen Lesers, er muß zu seinem Ergebnis kommen, indem er liest, und kann es sich von keinem Interpreten vorbereiten lassen.“[2]

Franz Mon beabsichtigt, die bedeutungsstiftende Phantasie des Lesers anzuregen und seine Texte gegen jede Art von Konsum zu schützen: „Es ging darum, daß dem Leser eine offene Struktur angeboten werden sollte, aus der er zu seinen Ergebnissen gelangte, statt daß ihm eine vorab existierende Weisheit ästhetisch eingekleidet wie eine verzuckerte Pille gereicht würde.“[3]

Dies heißt in unserem Falle aber nicht, daß der Autor auf bestimmte Mitteilungen an den Leser verzichtet; denn das Schachzabelbuch, auf das der Titel verweist, ist ein mittelhochdeutsches allegorisches Lehrgedicht von Konrad von Ammenhausen (mit seinerseits langer Tradition), das das Schachspiel auf mittelalterliche Verhältnisse ausdeutet. Das mittelhochdeutsche Wort ‚schachzabel‘ bedeutet Schachbrett sowie das Spiel auf einem Schachbrett.

1. Aus welchem Sinnbezirk (nicht gleichbedeutend mit Wortfeld) stammt der Wortschatz?
2. Welches besondere sprachliche Material verknüpft Mon, das Assoziationen zum Lehrgedicht zuläßt?
3. Durch welche Art des Denkens wird das Wortmaterial angeordnet?
4. Gibt es Parallelen zwischen dem Muster eines Schachbretts und der Zeilenanordnung?
5. Wie erreicht Mon es, daß sein Spiel mit der Sprache in Ernst umschlägt?
6. Bedenken Sie, wie sehr die Rezeption dieses Gedichts zwischen Spiel und Ernst von den materiellen Erfahrungen seiner Leser abhängen kann.

1 Helmut Heißenbüttel: Nachwort. – In: Franz Mon: Lesebuch. Berlin/Neuwied: Luchterhand 1967, S. 110
2 In: Hilde Domin: Doppelinterpretationen. Frankfurt: Athenäum ²1966, S. 331
3 Gerhard Rückert: Experimentelle Lyrik – Konkrete Poesie. – In: Gerhard Köpf (Hrsg.): Neun Kapitel Lyrik. Paderborn: Schöningh 1984, S. 184

4 UNTERSCHIEDLICHE METHODISCHE ZUGÄNGE

Dieses Kapitel kann auch an den Anfang einer Unterrichtseinheit über Lyrik gestellt werden.

4.1 Es beginnt mit verschiedenen Fassungen des römischen Brunnens von C. F. Meyer, um zu verdeutlichen, daß ein gutes Gedicht selten aus einem genialischen Entwurf hervorgeht, sondern das Produkt geduldiger Arbeit am Gehalt und an den Elementen der Form ist. Der Entwicklungsprozeß wird an den unterschiedlichen Fassungen Meyers augenfällig.

4.2 Die Strukturelemente der Form, wie z. B. Metaphern, Symbol, Reim, Metrum und Rhythmus, wirken in der Regel zusammen und bilden eine Einheit. Hier werden sie aus methodischen Gründen exemplarisch an ausgewählten Beispielen in ihrer Wirkung einzeln bewußt gemacht, auch um die Einsicht zu vermitteln, daß sie für bestimmte Gedichte einzeln konstitutiv sein können.

4.3 In einem dritten Ansatz geht es grundsätzlich um unterschiedliche Möglichkeiten der Interpretation von Gedichten. Auch hier ist es in den meisten Fällen so, daß eine Methode der Deutung nicht auf die Ergänzung durch andere verzichten kann. Dabei ist jedoch zu bedenken, daß auf der Schule der werkimmanenten, historischen und biographischen Interpretation der Vorzug zu geben ist, weil z. B. die Wege soziologischer Analyse nur dann erfolgreich sein können, wenn die drei erstgenannten Methoden beherrscht werden. Im Mittelpunkt wird also bei einer Einführung in die Methoden der Interpretation der Text selbst stehen müssen. Aus Gründen der leichteren Einsicht in ihre Wirkung werden auch bei diesem Zugang einzelne Methoden der Deutung abgehoben von anderen bzw. schwerpunktmäßig vorgestellt.

Conrad Ferdinand Meyer
Der römische Brunnen

Frühe Fassung

In einem römischen Garten
Verborgen ist ein Bronne,
Behütet von dem harten
Geleucht' der Mittagssonne,
Er steigt in schlankem Strahle
In dunkle Laubesnacht
Und sinkt in eine Schale
Und übergießt sie sacht.

Die Wasser steigen nieder
In zweiter Schale Mitte,
Und voll ist diese wieder,
Sie fluten in die dritte:
Ein Nehmen und ein Geben,
Und alle bleiben reich,
Und alle Fluten leben
Und ruhen doch zugleich.

Vorstufe der Schlußfassung

Der Springquell plätschert und ergießt
Sich in der Marmorschale Grund,
Die, sich verschleiernd, überfließt
In einer zweiten Schale Rund;
Und diese gibt, sie wird zu reich,
Der dritten wallend ihre Flut,
Und jede nimmt und gibt zugleich,
Und alles strömt und alles ruht.

Schlußfassung

Aufsteigt der Strahl und fallend gießt
Er voll der Marmorschale Rund,
Die, sich verschleiernd, überfließt
In einer zweiten Schale Grund;
Die zweite gibt, sie wird zu reich,
Der dritten wallend ihre Flut,
Und jede nimmt und gibt zugleich
Und strömt und ruht.

Schlußfassung 1882 e

(aus: Sämtliche Werke. Hist.-krit. Ausgabe, hrsg. v. Hans Zeller und Alfred Zech. Bd. 1. Bern: Benteli 1963)

Nichts ist so geeignet, das Gedicht als künstlerischen Formungsprozeß begreiflich zu machen, der äußerst genaue Arbeit am Detail verlangt, wie der Vergleich mehrerer Fassungen. Von dem ‚römischen Brunnen' C. F. Meyers gibt es sogar sechs Varianten. Wir konzentrieren uns der Übersichtlichkeit wegen auf drei Formungen.

1. Wie sieht der Brunnen aus, der C. F. Meyer in allen drei Fassungen vorschwebte?
2. Fertigen Sie eine Skizze des Metrums aller drei Fassungen an.
3. Begründen Sie, welche Fassung Ihnen rhythmisch am besten gelungen erscheint. Dazu soll Ihre Beobachtung auf einige Einzelheiten gelenkt werden:
   a) Welche Fassung enthält eine Abweichung von dem jambischen Metrum?
   b) Unterscheiden Sie die rhythmische Funktion der männlichen und weiblichen Versausgänge. Wo wird die Bewegung des Wassers zwischen Retardierung, Weiterfließen und zur Ruhe kommen überzeugend dargestellt?
   c) Wie hat sich das Bemühen um den passenden Rhythmus auf die Wortarten ausgewirkt?
4. Vergleichen Sie die Arbeit des Dichters mit der eines Bildhauers, der allmählich das Wesentliche herausmeißelt. Welche überflüssigen Vorstellungen sind in der letzten Fassung entfallen?

4.2 STRUKTURELEMENTE DER FORM

4.2.1 METAPHER

Friedrich Nietzsche
Vereinsamt

Die Krähen schrein
Und ziehen schwirren Flugs zur Stadt:
Bald wird es schnein. –
Wohl dem, der jetzt noch – Heimat hat!

Nun stehst du starr,
Schaust rückwärts, ach! wie lange schon!
Was bist du Narr
Vor Winters in die Welt – entflohn?

Die Welt – ein Tor
Zu tausend Wüsten stumm und kalt!
Wer das verlor,
Was du verlorst, macht nirgends halt.

Nun stehst du bleich,
Zur Winter-Wanderschaft verflucht,
Dem Rauche gleich,
Der stets nach kältern Himmeln sucht.

Flieg, Vogel, schnarr
Dein Lied im Wüsten-Vogel-Ton! –
Versteck, du Narr,
Dein blutend Herz in Eis und Hohn!

Die Krähen schrein
Und ziehen schwirren Flugs zur Stadt:
– Bald wird es schnein,
Weh dem, der keine Heimat hat!

(aus: Werke, Bd. VIII, Leipzig 1899)

1. Das griechische Wort ‚Metapher‘ bedeutet, daß ein Übertragungsvorgang aus einem Bereich in einen anderen stattfindet. Bei der vergleichsweise einfachen Metapher „Achill war ein Löwe in der Schlacht“ wurde eine Übertragung aus dem zoologischen Bereich in

den des Menschen vorgenommen. Ein Übertragungsprozeß ereignet sich bei jeder poetischen Produktion, insofern Bezugspunkte und Versatzstücke aus der Realität so verarbeitet werden, daß die erdichtete (fiktionale) Welt der Poesie entsteht. – Wo hat Nietzsche den Bezugspunkt für seine Metaphern gefunden?

2. Sammeln Sie die Stellen aus dem Gedicht „Vereinsamt", die direkt als Metaphern bezeichnet werden können.
3. Wo beginnt in dem Gedicht der Vorgang der Übertragung, der erst beim zweiten Lesen als solcher sichtbar wird?
4. Versuchen Sie, schriftlich in Prosa auszudrücken, was Nietzsche mit seinen Metaphern meint.

4.2.2 SYMBOL

Rainer Maria Rilke

Der Panther

Im Jardin des Plantes, Paris

Sein Blick ist vom Vorübergehn der Stäbe
so müd geworden, daß er nichts mehr hält.
Ihm ist, als ob es tausend Stäbe gäbe
und hinter tausend Stäben keine Welt.

Der weiche Gang geschmeidig starker Schritte,
der sich im allerkleinsten Kreise dreht,
ist wie ein Tanz von Kraft um eine Mitte,
in der betäubt ein großer Wille steht.

Nur manchmal schiebt der Vorhang der Pupille
sich lautlos auf –. Dann geht ein Bild hinein,
geht durch der Glieder angespannte Stille –
und hört im Herzen auf zu sein.

1903 v

(aus: Sämtliche Werke, hrsg. v. E. Zinn. Frankfurt/Main: Insel 1975)

1. Lesen Sie die Darlegung des Begriffs ‚Symbol' (S. 122), und achten Sie besonders auf den Versuch Goethes, den Begriff zu umschreiben.
2. Von welcher Erscheinung ist Rilke ausgegangen, und welche Idee steht hinter seinem Gedicht?
3. Mit welchen Bildern versucht Rilke, seine Idee zu veranschaulichen?

Clemens Brentano
Der Spinnerin Nachtlied

Es sang vor langen Jahren
Wohl auch die Nachtigall,
Das war wohl süßer Schall,
Da wir zusammen waren.

Ich sing und kann nicht weinen
Und spinne so allein
Den Faden klar und rein,
Solang der Mond wird scheinen.

Als wir zusammen waren,
Da sang die Nachtigall;
Nun mahnet mich ihr Schall,
Daß du von mir gefahren.

So oft der Mond mag scheinen,
Denk ich wohl dein allein,
Mein Herz ist klar und rein,
Gott wolle uns vereinen.

(aus: Werke, hrsg. v. W. Frühwald, B. Gajek, F. Kemp. München: Carl Hanser 1968)

„Lyrik ist in der Hauptsache ‚gebundene Rede', durch den Reim wird jene Gebundenheit des Sprechens besonders auffällig, und nicht nur äußerlich, auch im Hinblick auf die im Leser zu erweckende Bereitschaft zum Mitempfinden: das Ohr lauscht dem gleichen Klange nach, während der innere Sinn auf eine ähnliche Vorstellung gerichtet ist."[1]

In dem Zitat wird die Emotionalisierung durch den Reim betont. Man hat auch an anderer Stelle von der Klangmagie der Reime gesprochen.

1. Von welchem Grundgefühl wird das Gedicht Brentanos bestimmt?
2. Warum paßt es gut zum Thema des Gedichtes, daß der umarmende Reim abba ohne Abwandlungen durchgehalten wird?
3. Welchen Einfluß haben die Reime auf Metrum und Rhythmus?
4. Versuchen Sie, den Gesamteindruck wiederzugeben, den dieses von den Reimen geprägte Gedicht bei Ihnen hinterläßt.

1 Walter Urbanek (Hrsg.): lyrische signaturen, a.a.O., S. 462

Unbekannter Verfasser
Annchen von Tharau

Annchen von Tharau ist, die mir gefällt;
Sie ist mein Leben, mein Gut und mein Geld.

Annchen von Tharau hat wieder ihr Herz
Auf mich gerichtet in Lieb' und in Schmerz.

Annchen von Tharau, mein Reichtum, mein Gut,
Du meine Seele, mein Fleisch und mein Blut!

Käm' alles Wetter gleich auf uns zu schlahn,
Wir sind gesinnet bei einander zu stahn.

Krankheit, Verfolgung, Betrübniß und Pein
Soll unsrer Liebe Verknotigung seyn.

Recht als ein Palmenbaum über sich steigt,
Je mehr ihn Hagel und Regen anficht;

So wird die Lieb' in uns mächtig und groß
Durch Kreuz, durch Leiden, durch allerlei Noth.

Würdest du gleich einmal von mir getrennt,
Lebtest, da wo man die Sonne kaum kennt;

Ich will dir folgen durch Wälder, durch Meer,
Durch Eis, durch Eisen, durch feindliches Heer.

Annchen von Tharau, mein Licht, meine Sonn,
Mein Leben schließ' ich um deines herum.

Was ich gebiete, wird von dir gethan,
Was ich verbiete, das läßt du mir stahn.

Was hat die Liebe doch für ein Bestand,
Wo nicht Ein Herz ist, Ein Mund, Eine Hand?

Wo man sich peiniget, zanket und schlägt,
Und gleich den Hunden und Katzen beträgt?

Annchen von Tharau, das woll'n wir nicht thun;
Du bist mein Täubchen, mein Schäfchen, mein Huhn.

Was ich begehre, ist lieb dir und gut;
Ich laß den Rock dir, du läßt mir den Hut!

Dies ist uns Annchen die süsseste Ruh.
Ein Leib und Seele wird aus Ich und Du.

Dies macht das Leben zum himmlischen Reich,
Durch Zanken wird es der Hölle gleich.

zwischen 1600 und 1660? e

(aus: Stimmen der Völker in Liedern, hrsg. v. H. Rölleke. Stuttgart: Reclam 1975)

Friedrich von Hagedorn
Der Mai

Der Nachtigall reizende Lieder
Ertönen und locken schon wieder
Die fröhlichsten Stunden ins Jahr.
Nun singet die steigende Lerche,
Nun klappern die reisenden Störche,
Nun schwatzet der gaukelnde Star.

Wie munter sind Schäfer und Herde!
Wie lieblich beblümt sich die Erde!
Wie lebhaft ist jetzo die Welt!
Die Tauben verdoppeln die Küsse,
Der Entrich besuchet die Flüsse,
Der lustige Sperling sein Feld.

Der Zephyr, wie gleicht er doch Floren!
Sie haben sich weislich erkoren,
Sie wählen den Wechsel zur Pflicht.
Er flattert um Sprossen und Garben,
Sie liebet unzählige Farben,
Und Eifersucht trennet sie nicht.

Nun heben sich Binsen und Keime,
Nun kleiden die Blätter die Bäume,
Nun schwindet des Winters Gestalt;
Nun rauschen lebendige Quellen
Und tränken mit spielenden Wellen
Die Triften, den Anger, den Wald.

(gekürzt)

(aus: walter urbanek: lyrische signaturen. zeichen und zeiten im deutschen gedicht. Bamberg: C. C. Buchner Verlag, 3. erweiterte Auflage 1964, S. 85)

An beiden Gedichten soll veranschaulicht werden, wodurch sich Metrum und Rhythmus, die landläufig gleichgesetzt werden, unterscheiden und wie bei gleichem Metrum die Wirkung des Rhythmus ganz anders sein kann.

1. Lesen Sie die Gedichte laut, und stellen Sie spontan fest, welches auf Sie rhythmisch lebendiger wirkt.
2. Zeichnen Sie ein Schaubild des Metrums, d. h. der geregelten Zahl und Abfolge der betonten und unbetonten Silben, der ersten sechs Zeilen beider Gedichte. Verwenden Sie für betonte Silben das Signum x́ und für unbetonte Silben das Zeichen x. Versehen Sie die metrisch betonten Silben mit einem farbigen Akzent.
3. Welche metrische Einheit ist in beiden Gedichten – bei einem charakteristischen Unterschied – durchgehend anzutreffen?
4. Tragen Sie jetzt mit einem anderen farbigen Stift die natürlichen Akzente ein (die rhythmischen Akzente), die sich beim Sprechen ergeben. Sie werden feststellen, daß beim Hören der Rhythmus das Metrum überlagert und dadurch die metrischen und rhythmischen Betonungen nicht immer zusammenfallen.
5. Welches der beiden Gedichte wirkt rhythmisch fast monoton, und wie erklären Sie sich den geringen rhythmischen Reiz?
   Lesen Sie nach Ihrem Erklärungsversuch die Ausführungen unter den Begriffen ‚Metrum' und ‚Rhythmus' (S. 116 und S. 119).
6. Versuchen Sie eine Charakterisierung des Rhythmus der beiden Gedichte. Vergleichen Sie diese unter dem Gesichtspunkt der Beweglichkeit und der Funktion des Rhythmus mit Goethes „Willkommen und Abschied" (S. 22).

4.2.5 FREIE RHYTHMEN

Johann Wolfgang von Goethe
Ganymed

Wie im Morgenglanze
Du ringst mich anglühst,
Frühling, Geliebter!
Mit tausendfacher Liebeswonne
Sich an mein Herz drängt
Deiner ewigen Wärme
Heilig Gefühl,
Unendliche Schöne!

Daß ich dich fassen möcht
In diesen Arm!

Ach, an deinem Busen
Lieg ich, schmachte,
Und deine Blumen, dein Gras
Drängen sich an mein Herz.
Du kühlst den brennenden
Durst meines Busens,
Lieblicher Morgenwind!
Ruft drein die Nachtigall
Liebend nach mir aus dem Nebeltal.

Ich komm, ich komme!
Wohin? Ach, wohin?

Hinauf! Hinauf strebt's.
Es schweben die Wolken
Abwärts, die Wolken
Neigen sich der sehnenden Liebe.
Mir! Mir!
In euerm Schoße
Aufwärts!
Umfangend umfangen!
Aufwärts an deinen Busen,
Alliebender Vater!

1774 e

(aus: Sämtliche Werke. Jubiläums-Ausgabe, J. G. Cotta'sche Buchhandlung, Stuttgart o. J. – Gedenkausgabe der Werke, Briefe und Gespräche, hrsg. v. E. Beutler. Zürich: Artemis 1950 ff.)

1. Dieses Gedicht ist in Freien Rhythmen geschrieben. Erschließen Sie aus dem Stichwort ‚Rhythmus', was unter Freien Rhythmen zu verstehen ist?
2. Es ist klar, daß Freie Rhythmen viel Spielraum für die Gestaltung der Syntax lassen. Wo fällt das bei dieser Hymne besonders auf?
3. Welche Wirkung würden bei diesen Versen Reime haben?
4. Belegen Sie ausgehend vom Gehalt, daß der Rhythmus in diesem Gedicht eine überragende Bedeutung hat.

Josef Weinheber

Im Grase

Glocken und Zyanen,
Thymian und Mohn.
Ach, ein fernes Ahnen
hat das Herz davon.

Und im sanften Nachen
trägt es so dahin.
Zwischen Traum und Wachen
frag ich, wo ich bin.

Seh die Schiffe ziehen,
fühl den Wellenschlag,
weiße Wolken fliehen
durch den späten Tag –

Glocken und Zyanen,
Mohn und Thymian.
Himmlisch wehn die Fahnen
über grünem Plan:

Löwenzahn und Raden,
Klee und Rosmarin.
Lenk es, Gott, in Gnaden
nach der Heimat hin.

Das ist deine Stille.
Ja, ich hör dich schon.
Salbei und Kamille,
Thymian und Mohn,

und schon halb im Schlafen
– Mohn und Thymian –
landet sacht im Hafen
nun der Nachen an.

(aus: Dokumente des Herzens. Aus dem Gesamtwerk vom Dichter selbst ausgewählte Gedichte. Hamburg: Hoffmann und Campe 1953)

Dieses Gedicht soll insbesondere auf die Funktion der Lautkombinationen hin betrachtet werden. Gerade bei diesem methodischen Ansatz empfiehlt sich Behutsamkeit, weil den Phonemen meistens sehr subjektiv und nur am Gehalt orientiert eine bestimmte Wirkung unterstellt wird.

1. In welche Gemütsverfassung/Stimmung soll dieses Gedicht den Leser versetzen?
2. Welche Worte wurden Ihres Erachtens besonders des Wohlklangs wegen gewählt?
3. Welche Vokale und Konsonanten, im engeren Sinne Sonanten, hat Weinheber im Hinblick auf den Klang verwendet?
4. An welchen Stellen des Gedichtes fügen sich die Phoneme gut zu der inhaltlichen Aussage?
5. Prüfen Sie, inwieweit sich diese Fragen auch auf Brentanos „Der Spinnerin Nachtlied“ (S. 64) beziehen lassen?

5 MÖGLICHKEITEN DER INTERPRETATION

5.1 WERKIMMANENTE INTERPRETATION

Johann Wolfgang von Goethe
Mailied

Wie herrlich leuchtet
Mir die Natur!
Wie glänzt die Sonne!
Wie lacht die Flur!

Es dringen Blüten
Aus jedem Zweig
Und tausend Stimmen
Aus dem Gesträuch.

Und Freud und Wonne
Aus jeder Brust.
O Erd, o Sonne!
O Glück, o Lust!

O Lieb, o Liebe!
So golden schön,
Wie Morgenwolken
Auf jenen Höhn!

Du segnest herrlich
Das frische Feld,
Im Blütendampfe
Die volle Welt.

O Mädchen, Mädchen,
Wie lieb ich dich!
Wie blickt dein Auge!
Wie liebst du mich!

So liebt die Lerche
Gesang und Luft,
Und Morgenblumen
Den Himmelsduft,

Wie ich dich liebe
Mit warmem Blut,
Die du mir Jugend
Und Freud und Mut

Zu neuen Liedern
Und Tänzen gibst.
Sei ewig glücklich,
Wie du mich liebst!

1771 e

(aus: Sämtliche Werke, Jubiläums-Ausgabe, Stuttgart: J. G. Cotta'sche Buchhandlung o. J.)

Wolfgang Kayser Äußerer und innerer Aufbau

[...]

Äußerlich gesehen baut sich das Gedicht aus neun vierzeiligen Strophen auf. Aber schon beim Lesen merkt man, wie wenig streng die Strophengrenzen eingehalten werden. Zwischen Strophe 2 und 3, 3 und 4, 7 und 8, 8 und 9 sind die Pausen kaum noch merklich, während die merklichen Pausen der Gliederung (nach Rhythmus und Bedeutungen) nicht selten innerhalb der Strophen liegen (III, 2; IV, 1; IX, 2). Der Aufbau des lyrischen Vorgangs vollzieht sich in drei Phasen, die zwar nicht völlig gleich lang, wohl aber gleich geartet sind: jede Phase setzt mit einem Anruf ein und wendet sich dann zur Darstellung (Aussagesätze!). Der Ausruf der ersten Phase umfaßt die erste Strophe. Daran schließt sich die Darstellung bis III, 2. Auf den zweiten Ausruf, der drei Zeilen umfaßt und über die Strophengrenze gleitet, folgt bis ans Ende der fünften Strophe Darstellung. Der nächste Ausruf umfaßt wieder eine volle Strophe, während die Aussagen bis in die zweite Zeile der neunten Strophe gehen. Ein selbständiger Ausruf, jetzt in der Form eines Wunsches, schließt fest ab.

Die drei Phasen liegen nicht auf der gleichen Ebene. Eine Bewegung vollzieht sich in ihnen: wurde der erste Ausruf von der räumlichen Umgebung ausgelöst, so wendet sich der zweite stärker nach innen. Wesenszüge der Welt und des bewegten Ich, bedeutsame „Namen" werden ausgerufen. Der dritte Ausruf schließt sich an den letzten „Namen"; die Bewegung läuft jetzt zu den Empfindungen gegenüber einem bestimmten Du. Ihm gilt auch der Wunsch des Schlusses.

Es gibt viele Vertonungen des Mailiedes. Sie wirken fast alle quälend. Dieser Eindruck drängt sich vor allem dann auf, wenn sich der Musiker an den äußeren Aufbau hielt und strophig, zweistrophig oder dreistrophig komponierte. Der wahre Aufbau des lyrischen Vorgangs wird damit zerstört.

[...] Goethe hat nach dem Mailied für viele Gedichte die feste Strophik aufgegeben, die er wohl für die innere Dynamik als Fessel empfand. (Er kehrte freilich bald danach wieder zu ihr zurück.)

[...]

(aus: Wolfgang Kayser: Das sprachliche Kunstwerk. Bern: Francke ^{9}1963, S. 165)

1. Lesen Sie das „Mailied", und notieren Sie alle Fragen, die Sie an das Gedicht haben.
2. Nehmen Sie jetzt zur Kenntnis, worauf Kaysers Interpretation konzentriert ist.
   Die von Kayser hier exemplarisch angewendete Methode bezeichnet man als werkimmanente Interpretation. Sie läßt sich *idealtypisch* vereinfachend so charakterisieren: Der Interpret geht über die Grenzen des ihm vorliegenden Werkes nicht hinaus. Er versucht, dessen ästhetischen Reiz und Bedeutung allein aus dem Zusammenspiel der poetischen Zeichen zu ermitteln, ohne daß ihm andere Quellen zu Gebote stehen. Eine umfassende Beschreibung und kritische Auseinandersetzung mit dieser Methode finden Sie in: Ekkehart Mittelberg: Methoden- und Rezeptionswandel in der Literaturwissenschaft am Beispiel der Sesenheimer Lyrik Goethes. Stuttgart: Klett 1976, S. 58ff.
3. Selbstverständlich kann die werkimmanente Interpretation umfassender sein, als sie bei Kaysers bewußt verengtem methodischen Zugriff erscheint. Welche Möglichkeiten der Untersuchung des Mailiedes z. B. böten sich noch im Rahmen der werkimmanenten Interpretation?
4. Welche methodischen Wege, die die werkimmanente Interpretation nicht vorsieht, müßte man gehen, wenn man alle anfangs zusammengestellten Fragen beantworten wollte?

Sergej Jessenin
In meiner Heimat

In meiner Heimat leb ich nicht mehr gern,
Buchweizen ruft, aus Weiten, endlos großen.
Ich laß die Kate Kate sein, bin fern,
ich streun, ein Dieb, umher im Heimatlosen.

Tag, wie dein Licht sich lockt, so will ich gehn,
im Irgendwo will ich zur Ruh mich setzen.
Was mir bevorsteht, Freund, ich kanns schon sehn:
ich seh am Stiefelschaft dich's Messer wetzen.

Die gelbe Straße: vor mir läuft sie hin,
der Frühling, er läuft mit, das Wiesenblond, die Helle –
den Namen grub ich tief in meinen Sinn,
und die ihn trägt, sie jagt mich von der Schwelle.

Ich weiß, mich führt's zurück zu Vaters Haus –
mein ganzer Trost: daß fremde Herzen hüpfen ...
Ein grüner Abend kommt, ich zieh die Jacke aus,
am Ärmel mich ans Fensterkreuz zu knüpfen.

Die Weiden hängen grau, das Zaungeflecht
steht schief – sie müssen Kummer haben.
Mich Ungewaschnen bettet man zurecht,
die Meute bellt – sie haben mich begraben.

Und oben schwimmt der Mond, er schwimmt und schwebt,
und läßt, wo Seen sind, seine Ruder fallen.
Und Rußland lebt, wie's immer schon gelebt:
am Zaun, da tanzt es, und die Tränen rollen.

(aus: In meiner Heimat. In: Gedichte. Übersetzt von Paul Celan. Frankfurt: S. Fischer 1961, S. 87)

Gerade weil es sich bei dem Gedicht um eine Übertragung aus dem Russischen handelt, aus einem weniger bekannten Kulturkreis also, ist es nur aus einem historischen und politischen Zusammenhang heraus richtig zu verstehen.

„In den Moskauer Kneipen spült Jessenin sein Heimweh hinunter, die Sehnsucht nach dem Dorf in der Ferne, aus dem er kam. ‚Ich bin der letzte Dichter des Dorfes', beginnt ein Gedicht, und der Schmerz dieser Erkenntnis zittert in allen seinen Versen. Die Birken neigen sich vor ihm wie zu einer Abschiedsmesse, die Kraniche ziehen, die Flocken tauen wie Tränen an den Scheiben, und die Ikonen funkeln ein letztes Mal. Der Mond steht über den Wiesen, die Nachtigall schlägt und der Goldpirol ruft, Tautropfen wiegen auf den Zweigen, die Wasser, das Moor, die Wälder versinken wispernd im Dunst. Die Pferde tänzeln und schlagen mit den Hufen, die Wagenräder knarren, und die Katen ducken sich in der Dämmerung. Das Lachen der Mädchen klingt silberhell, und ihre Küsse sind liebestrunken. ‚Ja, töne, töne, goldenes Land!'. Jessenins Verse haben die traute und schwermütige Melodie der alten Lieder; eine volkstümliche, bildkräftige Religiosität spricht daraus und eine Naturverbundenheit, der jeder Laut der Tiere, jede Regung der Pflanzen, jeder Atemzug der Erde nahe ist. Heimatlichkeit und Schönheit und Abschiednehmen: wehe Seufzer eines Dichters nach dem ‚einfachen, dem törichten Glück', – nach dem verlorenen Paradies – ‚Herrlich wär's auf der Wiese, lächelnd, Mit des Mondes Maule Heu zu kauen …'"[1]

Wieso kam es zu der unstillbaren Sehnsucht Jessenins nach der Natur seiner Heimat? Jessenin hatte falsche Hoffnungen an die bolschewistische Revolution geknüpft, von der er glaubte, sie würde sein Bauernparadies wiederherstellen. Aber gerade die Industrialisierung, die die Sowjets anstrebten, mußte die Idylle der von ihm geliebten Natur zerstören. So wandte er sich von den Sowjets ab und setzte auf die restaurative Bauernbewegung der sog. Grünen in der Ukraine, die von den Bolschewisten niedergeworfen wurde. (Diese Bauernbewegung hat historisch mit den ‚Grünen' in der Bundesrepublik Deutschland nichts zu tun.)

Maxim Gorki beschrieb die Vortragsweise Jessenins bei der Rezitation seines Poems „Pugatschow" (1921), in dem er für die Grünen Partei nahm:

„Jessenin sei gar kein Mensch, sondern ein von der Natur ausschließlich für Poesie erschaffenes Organ, um unerschöpfliche ‚Trauer der Felder' zum Ausdruck zu bringen, die Liebe zu allem, was lebt auf Erden, und das Erbarmen, welches mehr als alle anderen Wesen der Mensch verdient."[2]

Die Zeilen aus dem Gedicht „In meiner Heimat"
„Ein grüner Abend kommt, ich zieh die Jacke aus,
am Ärmel mich ans Fensterkreuz zu knüpfen"
nahmen die Wirklichkeit seines Lebens auf erschütternde Weise voraus. Der „grüne Abend" spielt auf sein Engagement für die Grünen an, das erfolglos blieb. Verzweifelt erhängt sich Jessenin am Lüster seines Hotelzimmers.

1. In welcher Situation spricht das lyrische Ich?
2. Welche Vorstellungen verbindet Jessenin mit der Natur seiner Heimat?
3. Wo wird deutlich, daß er sich völlig mit der Natur identifiziert und umgekehrt die antropomorphisierte (vermenschlichte) Natur an seinem Geschick teilhat?
4. Aus welchen Stellen geht hervor, daß die Natur die Desintegration des Dichters nicht auffangen kann?
5. Nach dem Verlust des Einsseins mit der Natur empfindet Jessenin ihre Reize um so sensibler. Welche Bilder und Metaphern spiegeln die Faszination der russischen Natur?
6. Nennen Sie andere Darstellungsmittel, die zu der bezwingenden Schönheit dieses Gedichtes beitragen.

1 Jürgen Rühle: Literatur und Revolution. Die Schriftsteller und der Kommunismus. Knaur: München/Zürich 1963, S. 14 f.
2 a.a.O., S. 16

Johann Christian Günther
Als er der Phyllis einen Ring mit einem Totenkopf überreichte

Erschrick nicht vor dem Liebeszeichen,
Es träget unser künftig Bild,
Vor dem nur die allein erbleichen,
Bei welchen die Vernunft nichts gilt.
Wie schickt sich aber Eis und Flammen?
Wie reimt sich Lieb und Tod zusammen?
Es schickt und reimt sich gar zu schön,
Denn beide sind von gleicher Stärke
Und spielen ihre Wunderwerke
Mit allen, die auf Erden gehn.

Ich gebe dir dies Pfand zur Lehre:
Das Gold bedeutet feste Treu,
Der Ring, daß uns die Zeit verehre,
Die Täubchen, wie vergnügt man sei,
Der Kopf erinnert dich des Lebens;
Im Grab ist aller Wunsch vergebens,
Drum lieb und lebe, weil man kann,
Wer weiß, wie bald wir wandern müssen!
Das Leben steckt im treuen Küssen,
Ach, fang den Augenblick noch an!

zwischen 1710–1715 e

(aus: Sämtliche Werke, hrsg. v. W. Krämer, Bd. I., Leipzig 1930; BLV, Bd. 275)

Karl Otto Conrady
Johann Christian Günther

Das Bild Johann Christian Günthers flackert in mancherlei Farben. Unruhvoll geistert es durch die Literaturgeschichte, die erst seit kurzem, zwar zögernd und mit berechtigten Vorbehalten, das Verdammungsurteil, das den 1695 geborenen Dichter zum verwahrlosten Vagabunden und verkommenen, ewig betrunkenen Literaten stempelte, aufgehoben oder doch gemildert hat.

Goethes Worte aus dem 7. Buch von „Dichtung und Wahrheit“ sind bekannt:

„Ein entschiedenes Talent, begabt mit Sinnlichkeit, Einbildungskraft, Gedächtnis, Gabe des Fassens und Vergegenwärtigens, fruchtbar im höchsten Grade, rhythmisch bequem, geistreich, witzig und dabei vielfach unterrichtet; genug, er besaß alles, was dazu gehört, im Leben ein zweites Leben durch Poesie hervorzubringen, und zwar in dem gemeinen wirklichen Leben. Wir bewundern seine große Leichtigkeit, in Gelegenheitsgedichten alle Zustände durchs Gefühl zu erhöhen und mit passenden Gesinnungen, Bildern, historischen und fabelhaften Überlieferungen zu schmücken. Das Rohe und Wilde daran gehört seiner Zeit, seiner Lebensweise und besonders seinem Charakter oder, wenn man will, seiner Charakterlosigkeit. Er wußte sich nicht zu zähmen, und so zerrann in ihm sein Leben wie sein Dichten." Indes erscheint dem nachprüfenden Blick heute die Charakterlosigkeit Günthers, von der Goethe – zugleich das poetische Ingenium des Schlesiers voll anerkennend – spricht, weniger als ein persönliches Verfehlen und hemmungsloses Sichausleben, sondern eher als das Zusammenbrechen unter der Last eines Schicksals, das ihn zwischen zwei Zeitaltern traf, ihm den Lebensraum verengte und ihn zerdrückte. Nicht zuletzt verstellten die gesellschaftlichen Zustände den Weg in ein persönlich geführtes Leben. Allerdings bleibt ein gerüttelt Maß an Schuld für sein zerronnenes Leben auch auf ihm selbst lasten, und Rechtfertigungsversuche sollten gewisse Grenzen wohl beachten.

Unstet ist Günthers Leben verlaufen; nirgends Ruhe, nirgends Ziel, immer nur Aufbruch und Unrast. Zorn und unversöhnliche Härte des Vaters verdüstern seine Tage, Verfolgung durch Widersacher und Verleumder und der Kampf gegen sie mit der Waffe des Wortes fordern seine Kräfte. Not und Leid bedrängen ihn bis zum äußersten und führen den Dreiundzwanzigjährigen in schwerer Krankheit bis an den Rand des Grabes, um wenige Jahre später – 1723 – sein Leben auszulöschen. Äußerlich und innerlich heimatlos irrt er durch seine Zeit. Aber unaufhörlich strömen seine Verse und sind zuweilen vom Blitz des Genies hell überstrahlt, das der geschichtlichen Zeit voraus ist. Diese Verse sprechen in bestürzender Offenheit von seinem eigenen Leben. Sie distanzieren sich nicht von ihm, indem sie mit dem herkömmlichen gelehrten Formelapparat das Einmalige seines persönlichen Erlebens in nur allgemeinen Sentenzen überdecken. Sondern das leidende, gequälte Ich sucht, etwa in den Klageliedern, den Bußgedanken, in dem großen Bittgedicht an den Vater, des eignen Schicksals und auch der eignen Schuld unmittelbar habhaft zu werden.

Aber seine Verse singen auch von seiner Liebe. Klage und Liebe sind die inneren, die persönlichen Themen von Günthers Dichten. Dort ist er ganz er selbst und sprengt die Konvention des Dichtens seiner Zeit. Bis zu Goethe hin gibt es nichts Vergleichbares an solchen Gedichten. Um Klage- und Liebesdichtung rankt sich ein dichter Kranz von traditioneller Gelegenheitspoesie, Auftragsstücken, Geldarbeiten. Auch hier stehen neben glatten Überlieferungsversen solche, denen die persönliche Handschrift Günthers deutliche Kontur gibt.

In die Schweidnitzer Zeit (1710–15), als der junge Günther das Gymnasium des verehrten Rektors Leubscher besucht, fällt das aufweckende Erlebnis der Liebe zu Leonore Jachmann und dringt mit damals gänzlich unbekannter Ursprünglichkeit ins dichterische Wort. Zum erstenmal in der deutschen Literatur wird die persönliche Liebe zweier Menschen mit ihren Höhen und Tiefen in der Sprache Ereignis, und Goethe wußte wohl, zu wem er mit dem wägenden, lobend-tadelnden Blick des gereiften Mannes hinübergrüßte. – Günthers versprochene Treue zu Leonore verblaßt in der lärmenden Ausgelassenheit der Studienjahre. Leipzig lockt und verführt, studentisches Treiben und neue Liebesbegegnung nehmen ihn gefangen und fordern seine Kunst. Erst als er krank, gequält und dem Verzweifeln nah heimkehrt, geht sein Weg zu Leonore zurück, und sie finden sich wieder. Aber es soll doch alles verloren sein. Günthers Versuche, in einer festen Existenz Ruhe und Auskommen zu finden, scheitern. Der Vater versagt jegliche Hilfe, wie sehr der Sohn auch bittet. Das Verlöbnis mit Leonore löst sich. Noch einmal erwacht die Liebe, gedämpfter und verhaltener, in der Zuneigung zur Pfarrerstochter Johanna Barbara Littmann, als Phillis in seinen Liedern besungen. Doch die Aussöhnung mit dem Vater, zur Bedingung einer Heirat gemacht, ist nicht zu erlangen. Der Zorn ist unversöhnlich. Da wandert der Verstoßene los und führt ein ruhloses Wanderleben in Not und Bedrängnis, immer noch Verse schreibend, dunkel manche und voller Klage, Buße, Reue und Schuld. Es sind erschütternde Strophen: „Als er Gott um Vergebung der Jugendsünden anflehte", die „Bußgedanken":

Mein Gott, wo ist denn schon der Lenz von meinen Jahren
So still, so unvermerkt, so zeitig hingefahren?

und der große, rückschauende Brief an den Vater:

Und wie lange soll ich noch, dich, mein Vater, selbst zu sprechen,
Mit vergeblichem Bemühn Hoffnung, Glück und Kräfte schwächen?
Macht mein Schmerz dein Blut nicht rege, o so rühre dich dies Blatt,
Das nunmehr die letzte Stärke kindlicher Empfindung hat.

Viel ist über den Lebensgang des glücklich-unglücklichen Dichters geforscht, geschrieben und auch gefabelt worden. Für solche Fragen ist hier kein Platz. Aber für ein Verständnis der Güntherschen Dichtung, das über allgemeine Bemerkungen hinausgeht, ist noch viel zu tun. Dabei muß allerdings ständig – erstaunlicherweise viel stärker als bei manchem späteren Dichter – das Schicksal seines Lebens im Gedächtnis bleiben, so dicht gehören die Stationen des inneren und äußeren Lebens mit den Gedichten zusammen, es sei denn, es handelt sich um pure Brotdichtung, also Gelegenheitsdichtung minderen Sinnes.

(aus: Benno von Wiese: Die deutsche Lyrik. Bd. 1, a.a.O., S. 152)

Die Einleitung der Interpretation von Conrady ist ein aufschlußreiches Beispiel für vernünftig eingesetzte biographische Forschung, die sich dem zu interpretierenden Werk verpflichtet weiß und die nicht aus purer Neugierde am Faktischen eines Dichterlebens das Werk in den Hintergrund treten läßt, zu dessen Verständnis sie Aufschlüsse geben soll.

1. Wo betont Conrady in seiner Interpretation, daß er die Suche nach biographischen Begebenheiten streng funktional auf das Werk hingeordnet wissen möchte?
2. Halten Sie stichwortartig die Erkenntnisse Conradys über Günthers Leben fest, die zum richtigen Erfassen des Gedichtes von Günther nicht entbehrlich sind.
3. Angst vor dem Tode einerseits und Hinwendung zum Lebensgenuß andererseits sind ein Topos (= fester thematischer Bestandteil)[1] vieler Barockgedichte. Welche Stellen vermitteln den Eindruck, daß sich über den epochenspezifischen Topos hinaus unverwechselbare, einmalige Erfahrungen aus Günthers Biographie in dem Gedicht niedergeschlagen haben? Ziehen Sie zur Beantwortung dieser Frage die Interpretation Conradys heran.

1 Vgl. zur Erläuterung des Begriffs *Topos* Bantel/Schaefer: Grundbegriffe der Literatur, a.a.O., S. 136 f.

5.4 SOZIOLOGISCHE INTERPRETATION

Der folgende Textauszug soll an dem in diesem Kapitel unter anderer Perspektive bereits erörterten Beispiel des „Mailiedes“ von Goethe (S. 70) einige Fragestellungen vermitteln, die für literatursoziologische Analysen charakteristisch sind, die ihr Verfahren zugleich historisch verstehen.

Ekkehart Mittelberg
Goethes ‚Mailied‘ als farbiger Abglanz einer besseren Welt?

1. *Die lyrische Idee der sich wiederherstellenden Unmittelbarkeit von Mensch und Natur in der industriellen Gesellschaft*

„In der industriellen Gesellschaft wird die lyrische Idee der sich wiederherstellenden Unmittelbarkeit, wofern sie nicht ohnmächtig romantisch Vergangenes beschwört, immer mehr zu einem jäh Aufblitzenden, in dem das Mögliche die eigene Unmöglichkeit überfliegt.“

Theodor W. Adorno: ‚Rede über Lyrik und Gesellschaft‘ (1963)

Was versteht Adorno unter der „lyrische(n) Idee der sich wiederherstellenden Unmittelbarkeit“? Lassen wir ihn mit der folgenden Passage aus ‚Lyrik und Gesellschaft‘ noch einmal selber zu Wort kommen.

„Das Ich, das in Lyrik laut wird, ist eines, das sich als dem Kollektiv, der Objektivität entgegengesetztes bestimmt und ausdrückt: mit der Natur, auf die sein Ausdruck sich bezieht, ist es nicht unvermittelt eins. Es hat sie gleichsam verloren und trachtet, sie durch Beseelung, durch Versenkung ins Ich selber, wiederherzustellen. Erst durch Vermenschlichung soll der Natur das Recht abermals zugebracht werden, das menschliche Naturbeherrschung ihr entzog. Selbst lyrische Gebilde, in die kein Rest des konventionellen und gegenständlichen Daseins, keine krude Stofflichkeit mehr hineinragt, die höchsten, die unsere Sprache kennt, verdanken ihre Würde gerade der Kraft, mit der in ihnen das Ich den Schein der Natur, zurücktretend von der Entfremdung, erweckt. Ihre reine Subjektivität, das was bruchlos und harmonisch an ihnen dünkt, zeugt vom Gegenteil, vom Leiden am subjektfremden Dasein ebenso wie von der Liebe dazu – ja ihre Harmonie ist eigentlich nichts anderes als das Ineinanderstimmen solchen Leidens und solcher Liebe.“[1]

Dieses Zitat kann ein neues Problembewußtsein für die Analyse des Mailiedes wecken. Das Gedicht stellt eine unmittelbare Synthese zwischen liebendem Ich, geliebtem Partner und Natur her. Sie wirkt deshalb so überzeugend, weil die menschliche Liebe völlig in den Liebesvorgang der Natur einbezogen wird (vgl. die

[1] Adorno, Theodor W.: Rede über Lyrik und Gesellschaft. – In: Fügen, Norbert (Hrsg.): Wege der Literatursoziologie. Neuwied: Luchterhand 1968, S. 216. (Erstveröffentlichung in: Noten zur Literatur I. Bibliothek Suhrkamp 47, Frankfurt 1958.)

Strophen 4–8). Das lyrische Ich, von dem Adorno allgemein spricht, ist auch im ‚Mailied' mit der Natur eins geworden, und zwar auf dem von ihm beschriebenen Wege durch „Beseelung" und durch „Vermenschlichung der Natur". Die Symbiose kann aber dem Leser des Mailiedes nur deshalb so einleuchten, weil die Spuren „menschlicher Naturbeherrschung", der „Entfremdung" des Menschen von der Natur durch menschliche Eingriffe in diese, fast völlig getilgt sind. Jede Art von Natur, die auslösend für die Gestaltung des Mailiedes gewirkt haben mag, muß schon zur Zeit der Entstehung des Gedichtes Spuren menschlicher Eingriffe, „kruder Stofflichkeit", wie Adorno es nennt, aufgewiesen haben, die ihre völlige Harmonie störten. Eben jene disharmonischen Momente, die durch die Abarbeitung des Menschen an der Natur entstehen, hat aber Goethe aus seinem Mailied getilgt, so daß das Adorno-Zitat auf unseren Untersuchungsgegenstand voll zutrifft. Der Leser muß sich aber dessen bewußt sein, daß Goethe nur „den Schein der Natur, zurücktretend von der Entfremdung, erweckt". Es spielt hier keine Rolle, ob sich Goethe selbst dieser Sublimierung der Natur im Mailied bewußt war. Tatsache jedenfalls ist, daß er ein so „bruchlos und harmonisch" dünkendes Gedicht geschaffen hat, daß es nahezu ein Jahrhundert dauerte, bis ein Interpret wenigstens eine Ahnung von dieser Harmonie als schöner Schein artikulierte: „Ein Stück des paradiesischen Lebens *scheint* (Hervorhebung: Verf.) hier wiedergewonnen zu sein."[2]

Je deutlicher nun die Eingriffe des Menschen in die Natur, die Deformierung der Natur im Gefolge des Profitstrebens im industriellen Zeitalter auch für den unsensiblen Betrachter werden, desto schwieriger wird es, die lyrische Idee der sich wiederherstellenden Unmittelbarkeit, des Einsseins von Mensch und Natur zu verwirklichen, weil immer mehr an kruder Stofflichkeit, an Entfremdung, zu überwinden ist. Dem modernen Betrachter mag das ‚Mailied' als ohnmächtige Beschwörung des romantisch Vergangenen erscheinen, als schöner farbiger Abglanz von einer Natur-Mensch-Konstellation, die, verglichen mit der heutigen in einer hochindustriellen Gesellschaft, fast parodistisch anmutet. Um auf das Adorno-Zitat zurückzukommen, „das Leiden am subjektfremden Dasein" schiebt sich für den zeitgenössischen Leser des ‚Mailiedes' wohl vor den Enthusiasmus.

2. *Historische Analyse des ‚Mailiedes' auf drei Ebenen*

Im folgenden wird der Versuch unternommen, das ‚Mailied' als ein Gedicht, das wie kaum ein anderes die Goetheforschung aktiviert hat, in historisch kritischem Verfahren auf seine geschichtlichen Auswirkungen bis hin zur Gegenwart zu analysieren. Die methodischen Prinzipien des Vorgehens sollen knapp erläutert werden.

a) In einem ersten, diachronen Analyseschritt wird an exemplarischen Beispielen die Frage gestellt, was das Gedicht für die Lyrikgeschichte der zweiten Hälfte des 18. Jahrhunderts nach Meinung seiner Interpreten bedeutet. Gemeinsamkeiten und gravierende Unterschiede werden herausgestellt. Die methodischen Ansätze und die dadurch bedingten Ergebnisse werden aus dem weiteren wissenschaftsgeschichtlichen Hintergrund der jeweiligen Interpretation verstanden.

[2] Staiger, Emil: Goethe. Zürich: Atlantis 1952, Anm. 55, Bd. 1, S. 61

Außer einem umfassenderen Verständnis des Gedichtes selbst garantiert dieses Verfahren einerseits einen möglichst anschaulichen Einblick in den Methodenwandel der Literaturwissenschaft, weil das Demonstrationsobjekt nicht ausgewechselt wird. Zum anderen bringt es „die hermeneutische Differenz zwischen dem einstigen und dem heutigen Verständnis eines Werkes vor Augen, macht die – beide Positionen vermittelnde – Geschichte seiner Rezeption bewußt und stellt damit die scheinbare Selbstverständlichkeit, daß im literarischen Text Dichtung zeitlos gegenwärtig und ihr objektiver, ein für allemal geprägter Sinn dem Interpreten jederzeit unmittelbar zugänglich sei, als ein platonisierendes Dogma der philologischen Metaphysik in Frage.“[3]

b) Die unter a) skizzierten Analysen werden danach darauf geprüft, ob sie nach einer für ihre Gegenwart relevanten Aussage des ‚Mailiedes‘ gefragt haben. Einem historischen l'art pour l'art, wie er die deutsche Literaturgeschichte bis in die jüngste Gegenwart beherrscht hat, soll damit vorgebeugt werden.

c) In einem dritten Analyseschritt fragt dann der Verfasser, unter welchen Kriterien das ‚Mailied‘ heute gesehen werden kann und sollte.

[...]

(aus: Ekkehart Mittelberg: Methoden- und Rezeptionswandel der Literaturwissenschaft am Beispiel der Sesenheimer Lyrik Goethes. Stuttgart: Klett 1976, S. 98 ff.)

[3] Jauß, Hans, Robert: Literaturgeschichte als Provokation der Literaturwissenschaft. Konstanz: Universitätsverlag GmbH 1967

6 POLITISCHE LYRIK

Albrecht Schöne
[Ein garstig Lied! Pfui! ein politisch Lied]

In Auerbachs Keller zu Leipzig hebt, wenn die Kehlen der Zecher vom Wein gestimmt sind, Studiosus Frosch zu singen an:

> Das liebe heil'ge Röm'sche Reich,
> Wie hält's nur noch zusammen?

Und sein Kommilitone Brander fährt, wie bekannt, dem Sänger übers Maul:

> Ein garstig Lied! Pfui! ein politisch Lied,
> Ein leidig Lied! Dankt Gott mit jedem Morgen,
> Daß ihr nicht braucht fürs Röm'sche Reich zu sorgen!

Hierzulande sind das geflügelte Worte, unserem nationalen Besitz in allem Ernste zugehörig: gleichermaßen Folge und Bekräftigung jener deutschen Misere, daß der Sänger fürs Röm'sche Reich weder sorgen sollte noch sorgen mochte und, wo er's denn mochte oder sollte, „garstig Lied" doch oft ein recht gelindes Urteil scheint.

Dem Frosch ist der Ausweg bekannt. Er stimmt von neuem an:

> Schwing dich auf, Frau Nachtigall,
> Grüß' mir mein Liebchen zehentausendmal.[1]

Eben dorthin hat die deutsche Poesie sich gewandt, abgewandt. Unser Gegenbegriff zum politischen Liede heißt ‚reine Lyrik'. In seinen Versen auf die schöne Lampe in einem fast vergeßnen Lustgemach schreibt Mörike: „Ein Kunstgebild' der echten Art. Wer achtet sein? Was aber schön ist, selig scheint es in ihm selbst."[2] Und damit ist bis heute das Vorverständnis, die Vorerwartung bestimmt, die wir von Lyrik haben. Selbst politischen Gehalt könne das Gedicht nur dadurch gewinnen, daß es sich jedem politischen Auftrag verweigere und gegen den Anspruch der Politik den Protest der poetischen Autonomie erhebe, – sagt Enzensberger[3]. Doch nicht zu allen Zeiten war das Kunstgebilde „schön", und nicht immer hat es sich damit begnügt, „selig in ihm selbst" zu scheinen: sich selbst genug zu sein, ob man nun seiner achte oder nicht.

> Eine Trommel geht in Deutschland um
> und der sie schlägt, der führt,
> und die ihm folgen, folgen stumm,
> sie sind von ihm gekürt.
>
> Sie schwören ihm den Fahnenschwur,
> Gefolgschaft und Gericht,
> er wirbelt ihres Schicksals Spur
> mit ehernem Gesicht.

[1] Faust. Der Tragödie erster Teil, Vers 2090 ff.
[2] Mörikes Werke. Hrsg. von Harry Maync. 1. Bd. Leipzig u. Wien o. J. (1909), S. 85 f.
[3] Vgl. Hans Magnus Enzensberger: Poesie und Politik. In: Einzelheiten. Frankfurt/Main 1962, S. 334 ff.

Er schreitet hart der Sonne zu
mit angespannter Kraft.
Seine Trommel, Deutschland, das bist du!
Volk, werde Leidenschaft![4]

Herbert Böhme hieß der Verfasser; „Der Führer" lautete die Überschrift. 1934 wurden diese Verse gedruckt, und wenige Jahre später hat Bertolt Brecht ein Trommel-Lied geschrieben, das sich von Mörikes Vorstellung vom „Kunstgebild' der echten Art" nicht weniger weit entfernt. Es beginnt mit der Strophe:

Hinter der Trommel her
Trotten die Kälber
Das Fell für die Trommel
Liefern sie selber.

Der Metzger ruft. Die Augen fest geschlossen
Das Kalb marschiert mit ruhig festem Tritt.
Die Kälber, deren Blut im Schlachthof schon geflossen
Sie ziehn im Geist in seinen Reihen mit.[5]

Politische Lyrik: angesichts solcher Beispiele liegt es nahe zu fragen, ob nicht diese Bezeichnung schon besage, daß das so Bezeichnete mit sich selber unverträglich sei; ob die Kunst, wo sie aufhört, sich selbst genug zu sein, das Lied, wo es in den Dienst der Politik tritt, nicht notwendig zum garstigen Liede werde.
Zu vielen Zeiten, und man ist fast versucht, zu sagen: in ihren großen Zeiten, hat die Kunst gedient – dem Kultus, dem Gottesdienst, dem höfischen oder dem bürgerlichen Fest, der Erziehung und Belehrung, auch der Politik. Da war Poesie Mittel zu einem außerkünstlerischen Zweck, übernahm sie Aufgaben. Doch die Geschichte lehrt, daß die Kunst sich an großen Aufgaben zu bilden, daß sie an ihnen zu wachsen vermag. Selbst dort, wo das Lied politisch wird.

Es wurde politisch, um ein Beispiel zu nennen, als Walther von der Vogelweide mit seinen Versen eingriff in die großen Auseinandersetzungen zwischen Kaiser und Papst, imperium und sacerdotium, und in den Thronstreit zwischen Welfen und Staufern. Die Frage, ob Philipp von Schwaben oder Otto von Braunschweig die deutsche Kaiserkrone tragen sollte, hat sich seit 750 Jahren erledigt. Walthers politischer Spruch aber, dessen erklärte Absicht es damals war, eine Lösung dieser Frage zugunsten des Schwabenkönigs durchzusetzen („Philippe setze den weisen ûf, und heiz si treten hinder sich"[6]), ist damit keineswegs gegenstandslos geworden. Er hat seinen politischen Zweck überlebt, – nicht, weil er als Geschichtsdenkmal, als Zeugnis für jenen Thronstreit interessant geblieben wäre, sondern weil die auf politische Wirkung zielenden Energien hier ein Kunstgebilde hervorgebracht haben, in dessen den Hervorbringungszweck überdauernder Form sie aufgehoben sind. [...]

[4] Herbert Böhme: Des Blutes Gesänge. München 1934, S. 17 (auch in: Rufe in das Reich. Die heldische Dichtung von Langemarck bis zur Gegenwart. Ausgewählt von Herbert Böhme. Berlin 1934, S. 119)
[5] Gedichte VI. Frankfurt/Main 1964, S. 10. – Verfaßt 1942.
[6] Vgl. Walther von der Vogelweide. Mittelhochdeutscher Text und Übertragung. Ausgewählt und übersetzt von Peter Wapnewski. Frankfurt/Main: Fischer Taschenbuch Verlag 1962, S. 122

So groß der Kreis dieser Beispiele ist, so klein scheint die Zahl der Zeugnisse, die über ihren politischen Tendenzwert hinaus poetischen Rang gewonnen haben. Je näher uns Entstehungszeit und Anlaß solcher Dichtung liegen, desto eher freilich werden die Vordergrundserscheinungen ihrer politischen Gehalte und außerkünstlerischen Wirkungsabsichten unserem Blick die Einsicht in den Kunstwert dieser Lyrik zu trüben vermögen. Für Dichtungen unseres Jahrhunderts muß das in besonderem Maße gelten; der Zeitgenosse neigt zu Kurzsichtigkeit und Befangenheit. Ein gerechtes Urteil über den poetischen Rang der Spruchdichtung Walthers von der Vogelweide etwa ist, unabhängig davon, ob wir es nachträglich mit den Staufern halten wollen oder ob wir mit den Welfen sympathisieren, heute sicher möglich. Wie man es aber mit dem Nationalsozialismus hält und wie mit dem Marxismus, das wird ästhetische Urteile über die nationalsozialistische und die marxistische Dichtung auch bei entschiedener Bemühung um kunstkritische Objektivität schwerlich ungefärbt lassen. Doch muß man bedenken, ob die als Objektivität sich ausgebende isolierende Betrachtung des dichterischen Aspekts dem Phänomen ‚politischer Lyrik' eigentlich gerecht werden könne, ob sie insofern überhaupt möglich sei. Und diese Überlegung führt zu der Frage, ob die ästhetische Qualität eines im Dienst der Politik entstandenen Kunstwerkes denn unabhängig bleiben könne vom Ethos der politischen Wirkungsabsicht, die es hervorbrachte; ob sie ungetrübt bleiben könne auch, wenn diese Wirkungsabsicht etwa auf Lüge und Verführung zielt und bewußt oder unbewußt dem Verbrechen sich dienstbar macht. Wohl kann man die Sprache zur Verstellung und Lüge nötigen. Doch scheint es, als könnte man kaum verhindern, daß sie, ohne Willen und Wissen dessen, der sie dazu nötigt, die Lüge auf eine Art sagt, welche die Lüge als solche erkennbar macht – für den, der genau genug hinhört. Diese Sprache der Sprache zu vernehmen, bedarf es gewiß eines eingeübten Ohres, eines abstandhaltenden, unbestochenen Blickes. [...]

(aus: Über politische Lyrik im 20. Jahrhundert. Göttingen: Vandenhoek & Ruprecht [2]1969, S. 3ff.)

1. Welche Tradition der Aufnahme (Rezeption) politischer Lyrik parodiert Goethe in seinem Faust?
2. Welche Lyrik wird nach Schönes Darstellung in Deutschland häufig der politischen Lyrik entgegengehalten, um diese als Tendenzdichtung abtun zu können?
3. Schöne spricht allgemein von Zeiten, wo die Kunst nicht sich selbst genügte, sondern „Mittel zu einem außerkünstlerischen Zweck" war. Tragen Sie aus Nachschlagewerken und mit Unterstützung Ihres Lehrers Beispiele zusammen, die bezeugen, daß heute allgemein anerkannte Kunstwerke tatsächlich im Dienste von außerkünstlerischen Ideen standen.
4. Schöne stellt fest, daß es bei zeitgenössischer politischer Dichtung sehr schwierig sei, ein annähernd objektives Urteil über ihren Rang zu fällen. Dies führt er insbesondere auf die Methode der Analyse zurück. Welches Vorgehen, politische Kunstwerke zu bewerten, erscheint ihm als besonders fragwürdig?
5. Machen Sie sich klar, welche Kriterien Schöne in den Vordergrund der Analyse stellen will.
6. Was hält Schöne für ein Indiz, anhand dessen politische Machwerke entlarvt werden können?

Alwin Binder/Dietrich Scholle
[Bewertung politischer Lyrik]

Bewertung politischer Lyrik nach der politischen Zweckmäßigkeit tritt der Absicht, die diese Dichtung hervorbringt, neutral gegenüber: Politische Lyrik ist desto besser, je mehr sie ihren eigenen Zweck realisiert, gleichgültig, was sie bezweckt. Aber so wenig wie man etwa bei der Beurteilung der Tatsache, daß Hitler – gemessen an seinen eigenen Intentionen – politische Erfolge hatte, absehen kann von deren moralischen Implikationen, so wenig wird man politischer Lyrik gerecht, wenn man sie allein nach ihrer politischen Zweckmäßigkeit beurteilt. Denn politisches Handeln verknüpft sich so eng mit Moralbegriffen wie Freiheit, Verantwortung, Schuld usw., daß es dem Gegenstand nicht entspräche, bei seiner Beurteilung die moralische Wertung auszuklammern.[1]

Andererseits ist es sehr problematisch, für die moralische Wertung dieser Lyrik ein Prinzip anzugeben, von dem aus Handlungen und Absichten als gut oder böse zu beurteilen wären. Deshalb kann die Wertungskategorie ‚humaner Gehalt' nicht mehr als ein zur Diskussion gestellter *Versuch* sein, für die moralische Wertung politischer Lyrik eine akzeptable und dem Gegenstand angemessene Grundlage zu schaffen.

Die Voraussetzung dieses Wertungsprinzips heißt: Höchster Zweck politischen Handelns ist Abbau von Inhumanem, wobei

– inhumane *Zustände* vorliegen, wo Menschen menschenunwürdig leben[2];
– inhumanes *Verhalten* vorliegt, wo inhumane Zustände aufrecht erhalten oder hergestellt werden;
– inhumanes *Bewußtsein* vorliegt, wo Menschen als Mittel betrachtet werden[3].

Wenn der Satz gilt, daß Intentionen, die Abbau inhumaner Zustände, inhumanen Verhaltens und inhumanen Bewußtseins bezwecken, human sind, heißt das Prinzip der ‚Kategorie des humanen Gehalts': Der Anteil, den politische Lyrik ihrer Intention nach am Abbau von Inhumanem hat, bestimmt ihren humanen Gehalt und damit ihren moralischen Wert.[4]

[1] Die Frage nach der moralischen Qualität politischer Lyrik wurde auch im Verhältnis zur ‚ästhetischen Qualität' gestellt. Schöne fragt, „ob die ästhetische Qualität eines im Dienst der Politik entstandenen Kunstwerkes denn unabhängig bleiben könne vom Ethos der politischen Wirkungsabsicht, die es hervorbrachte; ob sie ungetrübt bleiben könne, auch wenn diese Wirkungsabsicht etwa auf Lüge und Verführung zielt und bewußt oder unbewußt dem Verbrechen sich dienstbar macht". (In: Schöne, Albrecht: Über politische Lyrik im 20. Jahrhundert. Mit einem Textanhang. 3. Auflage. Göttingen 1972. [= Kleine Vandenhoek-Reihe. 228/229.] S. 7f.)

[2] Der Begriff ‚menschen*unwürdig*' ist hier (z. B. statt unmenschlich) sehr bewußt verwendet, weil im moralischen Bereich jede Beurteilung innerhalb eines durch historische und moralische Komponenten bestimmten Wertungssystems erfolgt, das den Rahmen dessen festlegt, was Wert hat und somit auch, was würdig ist. Es ist also kein Einwand zu sagen, unter ‚menschenwürdig' könne man sich Verschiedenes vorstellen, da moralische Wertung immer von einer relativen, nicht absoluten Position aus geschieht, gleichgültig, ob sich der Wertende dieser Position bewußt ist oder nicht.

[3] Dieser Bestimmung inhumanen Bewußtseins liegt der Imperativ Kants zugrunde: „Handle so, daß du die Menschheit sowohl in deiner Person als auch in der Person eines jeden andern jederzeit zugleich als Zweck, niemals bloß als Mittel brauchst." (Kant, Imanuel: Grundlegung zur Metaphysik der Sitten. Stuttgart 1955. [=Reclams UB. 4507-07 a.] S. 89.), aber mit der Einschränkung, daß der Gebrauch einer Person als Mittel durch keinen Zweck zu rechtfertigen ist.

[4] Der Verzicht auf eine absolute positive Bestimmung dessen, was human ist, die sich in einer mehr oder weniger inhumanen Welt mit abstrakten Postulaten behelfen müßte, hat den Vorteil, daß der Blick auf konkrete Verhältnisse gelenkt wird.

Wer dieses Prinzip akzeptiert, kann in vielen Fällen zu einem klaren Werturteil kommen: Intentionen, die sich gegen Unterdrückung, Ausbeutung, soziales Elend, Manipulationen richten, sind besser als solche, die in deren Interessen stehen. Dennoch stößt auch dieses Prinzip in der Praxis auf Hindernisse, vor allem aus folgenden Gründen. Erstens: Wegen der – schon oben erwähnten – Schwierigkeit, historische Sachverhalte richtig und gerecht zu bestimmen, ist es nur bedingt möglich, die – moralische – Intention eines Gedichts zweifelsfrei zu fassen. Zweitens: Reduzierung komplizierter, meist vieldimensionaler gesellschaftlicher Zusammenhänge und Interaktionen auf ein solch einfaches moralisches Prinzip führt die Gefahr inadäquater Vereinfachung mit sich. Drittens: Vielleicht am schwierigsten ist es, nach diesem Prinzip ein gerechtes Urteil dort zu finden, wo humane Intentionen zu ihrer Realisierung inhumanes Verhalten fordern (z. B. sind inhumane Herrschaftsverhältnisse denkbar, die in der Praxis nur durch inhumane Gewaltanwendung zu beseitigen sind).

Die beiden hier vorgestellten Kategorien zur Bewertung politischer Lyrik lassen sich kombinieren: Die Qualität politischer Lyrik nimmt zu, wenn sie nicht nur mit propagandistischen Mitteln ihre Intention verwirklicht, sondern diese Intention zugleich auf die Konkretisierung einer humaneren Welt gerichtet ist.

(aus: Alwin Binder/Dietrich Scholle: Ça ira. Deutsche politische Lyrik vom Mittelalter bis zum Vormärz. Teil I: Unterrichtsmodelle und Analysen. Frankfurt/Main: Hirschgraben [1]1978, S. 18 f.)

1. Weshalb kann man nach Auffassung von Binder und Scholle politische Lyrik nicht allein nach ihrer politischen Zweckmäßigkeit beurteilen?
2. Warum halten die Autoren auch den wertenden Begriff ‚humaner Gehalt' für nicht mehr als eine Diskussionsgrundlage?
3. Wie versuchen sie, den Begriff ‚humaner Gehalt' zu definieren?
4. Welche Überlegungen machen im einzelnen den Begriff ‚humaner Gehalt' als Kriterium in der Praxis fragwürdig?
5. Prüfen Sie nach der Lektüre mehrerer Gedichte dieses Kapitels, auf welche Beispiele Sie das Kriterium ‚humaner Gehalt' in Kenntnis seiner Problematik meinen anwenden zu können. Erörtern Sie dann, welche anderen wertenden Begriffe ggf. ergänzend herangezogen werden können, um politische Lyrik zu bewerten.

Walter Hinderer
[Politische Lyrik und Klischees]

[...]

„Flach, leer, platt werden Gedichte, wenn sie ihrem Stoff seine Widersprüche nehmen, wenn die Dinge, von denen sie handeln, nicht in ihrer lebendigen, das heißt allseitigen, nicht zu Ende gekommenen und nicht zu Ende zu formulierenden Form auftreten. Geht es um Politik, so entsteht die *schlechte* Tendenzdichtung. Man bekommt ‚tendenziöse Darstellungen', das heißt Darstellungen, welche allerhand auslassen, die Realität vergewaltigen, Illusionen erzeugen sollen. Man bekommt mechanische Parolen, Phrasen, unpraktikable Anweisungen."[1]

Darstellungs-, Inhalts-, Wirkungs- oder Kommunikationsqualitäten erscheinen, so verstanden, gleichermaßen als konstitutive Elemente eines politischen Textes. Das Fragwürdige politischer Lyrik liegt nämlich viel weniger am ästhetischen Mißlingen, am Fehlen des sogenannten ästhetischen Mehrwerts, als vielmehr daran, daß durch die schlechten Exempel politischer Tendenzdichtung Unfreiheit vermehrt, Klischees an die Stelle von neuen Modellen von Wirklichkeitserfahrung gesetzt und die Kontrollmöglichkeit durch kritisches Bewußtsein unterbunden werden. Ein politischer Text muß wie jede Art von Dichtung Sprachklischees, Denkgewohnheiten, abgenützte Kommunikationsformen und erstarrte Leerformeln auflösen und, um neue Inhalte zu gewinnen, die neuen Erfahrungen auch sprachlich innovieren. In politischer Lyrik kann falsches Bewußtsein nicht nur durch logische Argumentation, sondern auch und oft noch überzeugender durch kritische Arbeit am Material der Sprache korrigiert werden, durch die Enttäuschung geläufiger Erwartungen.

[...]

(aus: Poesie und Politik. Zur Situation der Literatur in Deutschland, hrsg. von Wolfgang Kuttenkeuler. Bonn: Bundeszentrale für politische Bildung 1973)

1. Auf welchen Ebenen muß nach Hinderer ein politisches Gedicht analysiert werden?
2. Welche negativen Wirkungen schreibt Hinderer politischer Tendenzdichtung zu?
3. Wie kann nach Hinderer politische Lyrik vor falschem Bewußtsein bewahrt werden?
4. Es ist nun möglich, die bei dem Schöne-Text zurückgestellte Frage wieder aufzugreifen, anhand welcher Kriterien politische Lyrik als Kunst gewürdigt werden kann.

[1] Bertolt Brecht: Die Dialektik. – In: Bertolt Brecht: Gesammelte Werke in 20 Bänden, Bd. 19. Frankfurt/Main: Suhrkamp 1967, S. 394

6.1 FRÜHE POLITISCHE GEDICHTE

Walther von der Vogelweide
Ich hôrte ein wazzer diezen

Ich hôrte ein wazzer diezen
und sach die vische fliezen,
ich sach swaz in der welte was,
velt walt loup rôr unde gras.
swaz kriuchet unde fliuget
und bein zer erde biuget,
daz sach ich, unde sage iu daz:
der keines lebet âne haz.
daz wilt und daz gewürme
die strîtent starke stürme,
sam tuont die vogel under in;
wan daz si habent einen sin:
si dûhten sich ze nihte,
si enschüefen starc gerihte.
si kiesent künege unde reht,
si setzent hêrren unde kneht.
sô wê dir, tiuschiu zunge,
wie stêt dîn ordenunge!
daz nû diu mugge ir künec hât,
und daz dîn êre alsô zergât.
bekêrâ dich, bekêre.
die cirkel sint ze hêre,
die armen künege dringent dich:
Philippe setze den weisen ûf, und heiz si treten hinder sich.

um 1198 v

Zur richtigen Einschätzung dieses Gedichtes als politische Lyrik gehören a) Kenntnisse zu dessen historischem Hintergrund und b) zur Form des Gedichtes.

zu a) Als 1197 Kaiser Heinrich VI., der Sohn Friedrich Barbarossas, starb, gab es im Reich Nachfolgekämpfe. Die Interessen des Sohnes von Heinrich dem VI., des dreijährigen Friedrich, der staufischen Partei also, wurden von Herzog Philipp von Schwaben in der Rolle eines Reichsverwesers vertreten. Dagegen beanspruchten die Welfen die Krone für Otto von Braunschweig, für den Sohn Heinrichs des Löwen. Dessen Anhänger wurden von dem englischen König Richard Löwenherz angeführt. Schließlich wurden zwei Nachfolger Heinrichs des VI. gewählt, nämlich Philipp von Schwaben, der an die Stelle des jungen Friedrich getreten war, und Otto von Braunschweig.

In dem Gedicht ist von fremden Herrschern, von Vasallenkönigen („armen künege") die Rede. Es sind die Könige von Frankreich, England und Dänemark, die den Welfen Otto von Braunschweig favorisierten.

Die Wasser hörte ich rauschen,
die Fische sah ich schwimmen,
und sah alles was sonst in der Welt war:
in Feld und Wald, in Laub, Schilf und Gras;
was kriecht und was fliegt
und was seinen Fuß auf die Erde setzt,
das erkannte ich – und ich künde euch dieses:
Kein Tier lebt ohne Feindschaft!
Die wilden Tiere, die Kriechtiere,
die fechten harte Kämpfe untereinander,
und ebenso die Vögel.
Doch in einem haben sie sich noch Vernunft bewahrt:
sie achteten sich für nichtig,
hätten sie sich nicht ein starkes Regiment geschaffen:
sie wählen Könige und Standesordnung,
sie setzen den Herrn und setzen den Knecht.
Dagegen: wehe dir, du deutsches Volk,
wie steht es um deine Staatsordnung,
daß jetzt die Biene ihren König hat,
und deine Herrlichkeit so dahingeht!
Wende, kehre dich um!
Die Kronen fremder Herrscher recken sich schon empor,
die Vasallenkönige wollen dich verdrängen:
setze Philippe die Kaiserkrone aufs Haupt, und weise sie in ihre Schranken zurück!

(aus: Gedichte, ausgewählt und übersetzt v. Peter Wapnewski. Frankfurt/Main: Fischer Taschenbuch Verlag, 1962)

zu b) „Walther kennt als dichterische Form nur das Lied und die dem Lied verwandte Spruchreihe. In der Spruchreihe ist im allgemeinen jede einzelne Strophe ganz anders als im Lied eine geschlossene Einheit. Auch läßt der Aufbau des Spruchs erahnen, daß die Singweise des Spruchs dem Sprechgesang nahe war. Damit ist bereits angedeutet, daß jedes Gedicht Walthers erst mit dem Klang seiner Singweise so für uns in Erscheinung treten würde, wie es vom Dichter gedacht und empfunden war. Denn die Strophenart und die musikalische Weise werden vom Dichter selbst in einem Zuge geschaffen. Walthers Liedweisen sind uns bis auf geringfügige Trümmer verloren. Aber der Reichtum des Strophenbaus ... vermittelt uns den Eindruck von der Gabe des Erfindens, die Walther auf dem Felde der Singkunst hatte."[1]

1. Spruchdichtung ist Lehrdichtung. Worin wird deutlich, daß Walther mit diesen Versen seine Hörer belehren will?
2. Bestimmen Sie den Zweck des Spruchs. Mit welchem Aufbau führt Walther zu seinem Ziel. Sie können sich den Aufbau mit einer noch zu beschriftenden stufenförmigen Skizze wie Alwin Binder und Dietrich Scholle (s. S. 88) vergegenwärtigen.[2]

1 Altdeutsches Lesebuch, bearbeitet von Kurt Bona. Frankfurt: Diesterweg [10]1968, S. 122
2 Ça ira. Deutsche politische Lyrik vom Mittelalter bis zum Vormärz. Frankfurt: Hirschgraben [1]1978, S. 41

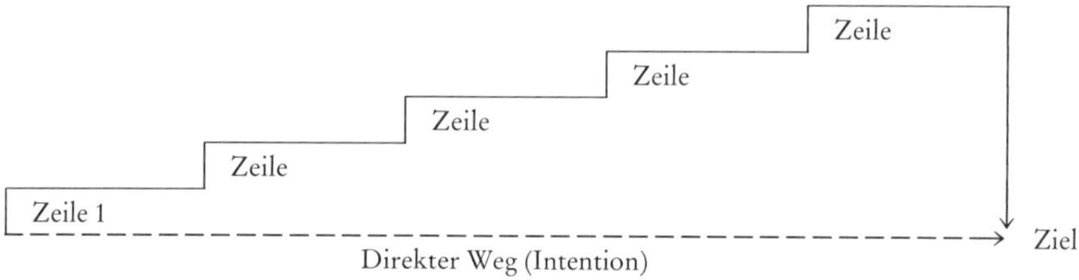

3. Womit setzt Walther die Staatsordnung des deutschen Volkes gleich?
4. Welchen Zweck verfolgt Walther mit der relativ breiten Darstellung der göttlichen Naturordnung und mit deren Gegenüberstellung mit dem Zustand des Reiches?
5. Finden Sie eine Erklärung dafür, daß Otto von Braunschweig als Gegner Philipp von Schwabens nicht direkt erwähnt wird.
6. Wir definieren Propaganda als den Versuch von Einzelnen/Gruppen/Institutionen, die Meinungen, Wertschätzungen, Denkrichtungen, Verhaltensweisen großer Menschenmengen vorzugsweise durch den Appell an Emotionen zu beeinflussen.[3] Kann man das Gedicht Walthers in diesem Sinne als Propaganda bezeichnen?
7. „Es (das Lied, E. M.) wurde politisch, um ein Beispiel zu nennen, als Walther von der Vogelweide ... in dessen den Hervorbringungszweck überdauernder Form sie aufgehoben sind." (vgl. S. 81, Zeile 62ff.) – Welche Begründung könnte Schöne dafür anführen, daß der Spruch Walthers als Kunstgebilde zu betrachten ist?

Gottlieb Konrad Pfeffel
Der Junker und der Bauer

Halb tot vor Schrecken kam zum Junker Sigismund
Sein Pächter Hintz: Ach! Euer Gnaden,
Ein großes Unglück! – Ein großer Schaden!
So rede, Pinsel! – Euer Hund ...
Mein junger Eber, ach! er hat ihn tot gebissen.
Was! fuhr der Junker ihn wie Zeus im Donner an,
Dein Eber meinen Tamerlan?
Weit lieber wollt ich zwanzig Gulden missen;
Die zahlst du mir. – Gestrenger Herr! ihr irrt. –
Wer? ich! – Verzeiht, so hat der Schrecken mich verwirrt,
Den Eber hat Herr Tamerlan zerrissen. –
Je! so beleidigte dein Eber ihn.
Den Unfug darf ich ungestraft nicht dulden.
Als Buße zahle mir die zwanzig Gulden
Und lerne deine Schweine besser ziehn.

(aus: Poetische Versuche, Tübingen [4]1802 ff.)

3 Näheres in Ekkehart Mittelberg: Propagandasprache. – In: Nündel, Ernst (Hrsg.): Lexikon zum Deutschunterricht. München: Urban/Schwarzenberg [2]1981, S. 339

Gottlieb Konrad Pfeffel (1736–1809) schrieb in der Nachfolge von Christian Fürchtegott Gellert (1713–1769), der mit seinen moralisch-lehrhaften Fabeln während der Aufklärung große Breitenwirkung erzielte. Während aber Gellerts Fabeln von Güte und Menschenliebe geprägt sind, zeugen die Pfeffels von scharfer Kritik, die in erster Linie gegen den Adel, gegen die Fürsten und gegen den Klerus gerichtet ist. Die Deutlichkeit der Kritik wird zuweilen sogar im Titel der Fabeln sichtbar. Dies ist umso bemerkenswerter, weil die Fabel seit ihrem Ursprung in der antiken Sklavenhaltergesellschaft eher eine verhüllende Darbietungsform war, die Menschen durch Tiere ersetzen mußte, um ihre Gesellschaftskritik indirekt und allgemein vorzutragen. Wenn Pfeffel auch heute zu den Dichtern der „versäumten Lektionen“ gezählt werden muß, so blieben seine Fabeln und Gedichte doch nicht ohne Wirkung auf seine unmittelbaren Nachfolger, z. B. auf Georg Büchner (1813–1837). Büchner läßt in einer vielzitierten Stelle seinen Woyzeck im Gespräch mit dem Hauptmann klagen:

„Unsereins ist doch einmal unselig in dieser und der anderen Welt, ich glaub’, wenn wir in den Himmel kämen, so müßten wir donnern helfen.“[1]

Bei Pfeffel erscheint dieser Gedanke durch den Zusatz des Wortes „fronweis“ zu „donnern“ eher noch schärfer:

Jost

Von seinem milden Landesvater
Durch Fronen abgezehrt, lag Jost
Auf faulem Moos. Ein frommer Pater
Gab in dem letzten Kampf ihm Trost:
Bald, sprach er, wird euch Gott entbinden
Vom Joch, das euch so hart gedrückt;
Die Ruhe, die euch nie beglückt,
Freund, werdet ihr im Himmel finden.
Ach, Herr! rief Jost so dumpf und hohl
Wie aus dem Grab, wer kann das wissen?
Wir armen Bauren werden wohl
Im Himmel fronweis donnern müssen.[2]

Zum richtigen Verständnis gesellschaftskritischer politischer Lyrik ist historisches Wissen darüber unverzichtbar, inwieweit das von ihr aufgegriffene Thema die zeitgenössische Gesellschaft in erheblichem Ausmaße betroffen hat. Das Gedicht Pfeffels „Der Junker und der Bauer“ setzt sich mit den zur Zeit des Feudalismus üblichen Treibjagden auseinander.

[...] „Nicht weniger glänzend als die Geburtstagsfeste, fährt unser Berichterstatter (Urivat, der Bibliothekar des Württemberger Herzogs, E. M.) fort, waren die Festinjagden[3], die bald in dieser, bald in jener Gegend des Landes veranstaltet wurden. Der Herzog liebte diese Art von Vergnügen ebenso leidenschaftlich als er andererseits der kostspieligsten Baulust fröhnte. Ein zahlreiches Korps[4] von höhern und niedern Jagdbedienten war ihm zu Gebote. Seiner Nachsicht gewiß, durften sie sich die rohesten Mißhandlungen und die schreiendsten Ungerechtigkeiten gegen den seufzenden Landmann erlauben. Man zählte in den herrschaftlichen Zwingern und

1 Georg Büchner: Woyzeck. Kritische Lese- und Arbeitsausgabe, hrsg. von Lothar Bornscheuer. Stuttgart: Reclam 1977, S. 20
2 nach: Poetische Versuche. Tübingen ^{4}1802 ff.
3 von frz. festin: prunkvolles, festliches Mahl
4 von lat. corpus: Körper, Gruppe

auf den mit dieser Art von Dienstbarkeit belasteten Bauernhöfen über tausend Jagdhunde. Das Wild ward im verderblichsten Uebermaße gehegt. Heerdenweise fiel es in die Aecker und Weinberge, die zu verwahren den Eigenthümern streng verboten war, und zerstörte oft in einer Nacht die Arbeit eines ganzen Jahres; jede Art von Selbsthilfe ward mit Festungs und Zuchthausstrafe gebüßt, nicht selten gingen die Züge der Jäger und ihres Gefolges durch blühende und reifende Saaten."[5]

1. In jedem Lesebuch werden Sie eine Sammlung von Fabeln finden, die mindestens vom Altertum bis zur Epoche der Aufklärung reicht. Stellen Sie einige charakteristische Merkmale dieser Fabeln nach Inhalt und Form zusammen.
2. Welches typische Merkmal der Fabel hat Pfeffel für sein Lehrgedicht übernommen?
3. In welcher Hinsicht weicht Pfeffel von der Struktur der klassischen Fabel ab?
4. Beschreiben Sie die satirischen Mittel, mit denen Pfeffel arbeitet, möglichst genau. Beachten Sie dabei die Wortstellung und die Reime.
5. Wodurch wahrt Pfeffel Distanz zu seinem Gegenstand, der ein gnadenloses Herrschaftssystem darstellt?
6. Erörtern Sie, ob das Gedicht im Sinne der Begriffsdefinition von S. 85 Momente von Propaganda enthält.

Gottfried August Bürger
Der Bauer an seinen Durchlauchtigen Tyrannen

Wer bist du, Fürst, daß ohne Scheu
Zerrollen mich dein Wagenrad,
Zerschlagen darf dein Roß?

Wer bist du, Fürst, daß in mein Fleisch
Dein Freund, dein Jagdhund, ungebleut
Darf Klau und Rachen haun?

Wer bist du, daß durch Saat und Forst
Das Hurra deiner Jagd mich treibt,
Entatmet wie das Wild? –

Die Saat, so deine Jagd zertritt,
Was Roß und Hund und du verschlingst,
Das Brot, du Fürst, ist mein.

Du Fürst hast nicht bei Egg und Pflug,
Hast nicht den Erntetag durchschwitzt.
Mein, mein ist Fleiß und Brot! –

Ha! du wärst Obrigkeit von Gott?
Gott spendet Segen aus; du raubst!
Du nicht von Gott, Tyrann!

1789 e

(aus: Gedichte, hrsg. v. A. Sauer, Berlin o. J.; DNL, Bd. 78)

5 Johannes Scherr: Deutsche Kultur- und Sittengeschichte. Leipzig ^{5}1873, S. 434

Alwin Binder/Dietrich Scholle

Zur Situation der Bauern in der zweiten Hälfte des 18. Jahrhunderts

Zu diesem Problem schreibt Lore Kaim-Kloock: „Welch schwere Belastung das Jagdunwesen tatsächlich für die Bauern im 18. Jahrhundert bedeutete, geht aus zahlreichen Berichten und Dokumenten und aus der Aufnahme dieser bäuerlichen Klage in der Literatur hervor. Jahrhunderte hindurch litt der Bauer unter den Verwüstungen der Felder durch das Wild. Schon in den Bauernkriegen spielte dieser Beschwerdepunkt eine Rolle, ebenso in den zahlreichen Bauernaufständen des 18. Jahrhunderts. Daß die Jagdbeschwerden auch in Hannover von großer Bedeutung waren, beweisen die Selbsthilfe-Aktionen und Prozesse der Bauern in den Jahren nach der Französischen Revolution." (Kaim-Kloock, S. 143)

In dem gegen Ende des 18. Jahrhunderts noch vorwiegend agrarischen Deutschland ist die Ausbeutung der bäuerlichen Bevölkerung, vornehmlich der Rittergutsuntertanen, durch folgende Momente gekennzeichnet:

- Frondienste – oft unbemessen – bis zu 80 Tagen im Jahr für den Feudalherrn;
- Rücksichtslose Ausnutzung des Gesindezwangdienstes bis zu achtjähriger Dienstzeit. Alle Untertanenkinder waren zu diesem Gesindezwangdienst bei ihrem Feudalherrn verpflichtet, und zwar zu einem äußerst geringen Lohn und für eine ständig steigende Zeitdauer, anfangs zwei Jahre, schließlich acht Jahre.
- Leistung von schlecht bezahlter Zwangsarbeit neben den regulären unbezahlten Frondiensten. (So waren die Untertanen zum Beispiel in manchen Gegenden zu Arbeiten an den Gebäuden des Feudalherrn außerhalb der eigentlichen Frondienste verpflichtet.)
- Forderung einer Unzahl von Gerichtsgaben, die in ihrer Fülle sehr drückend waren. Da der Feudalherr in vielen Fällen die Gerichtshoheit besaß, kamen ihm gewöhnlich diese Abgaben zugute.
- Der Feudalherr hatte ein Vorkaufsrecht sowohl auf die Produkte als auch auf das Land seiner Bauern; er konnte dadurch praktisch den Preis diktieren.
- Der Feudalherr besaß das Hütungsrecht auf dem gesamten Feudalbesitz. Den Bauern entstanden dadurch große Schäden; oft wußten sie nicht, wo sie ihr eigenes Vieh weiden sollten.
- Der Feudalherr übte den Bier- und Mahlzwang aus, d.h., er allein hatte das Recht, eine Brauerei und eine Mühle zu betreiben, zu deren Benutzung die Bauern verpflichtet waren.
- Zahlung von Erbzinsen, teilweise des Zehnten und hohen Steuern.
- Die Bauern waren häufig zu umfangreichen Jagdfronden verpflichtet.

Zu alldem kam noch die Schädigung vieler bäuerlicher Wirtschaften durch die Wildplage.

(aus: Alwin Binder/Dietrich Scholle: Ça ira. Deutsche politische Lyrik vom Mittelalter bis zum Vormärz. Teil II: Text- und Arbeitsbuch. Frankfurt: Hirschgraben 1980, S. 31)

Die nachstehenden Arbeitsanregungen lehnen sich eng an eine Modellinterpretation von Alwin Binder und Dietrich Scholle an.[1] Das Gedicht Bürgers kann in unserer weiter gefaßten Auswahl selbstverständlich nicht mit der gleichen Intensität wie bei Binder und Scholle behandelt werden.

1. Informieren Sie sich vergleichend in einer Literaturgeschichte aus der DDR[2] und in Literaturgeschichten aus der Bundesrepublik Deutschland über Bürgers Leben und Schaffen. Welche unterschiedlichen Akzentsetzungen fallen Ihnen bei der Würdigung von Bürgers Werk auf?
2. Welche Probleme aus dem Text „Zur Situation der Bauern in der zweiten Hälfte des 18. Jahrhunderts" und aus dem Textauszug von Johannes Scherr (S. 89f.) greift Bürger in seinem Gedicht auf?
3. Lesen Sie in einem etymologischen Wörterbuch die Bedeutungsgeschichte der Begriffe ‚durchlauchtig' und ‚Tyrann' nach. Auf welche Wirkung zielt der Titel ab?
4. Achten Sie auf die Verteilung der Satzarten in dem Gedicht, beziehen Sie das Ergebnis auf den Titel, und beschreiben Sie dann den Aufbau des Textes.
5. Welche Absicht verfolgt Bürger mit dem Gedicht? Wo tritt sie offen zutage, und welche Folgerung wird dem Leser überlassen?
6. Wir gehen davon aus, daß der Begriff Propaganda die Komponenten der Lenkung und Überredung enthält. Trifft dies auch für dieses Gedicht zu? Überprüfen Sie bei der Beantwortung dieser Frage die Dialogstruktur des Textes, also wer zu Worte kommt und wer nicht argumentiert. Beziehen Sie auch die Funktion der Gedankenstriche in Ihre Überlegung ein. Welche Folgerungen ergeben sich?
7. Untersuchen Sie genau die Form des Gedichtes in bezug auf Metrum und Silbenzahl, Enjambements, Häufigkeit bzw. Fehlen bestimmter Wortarten, Indikativ bzw. Konjunktiv, rhetorische Mittel, z. B. Satzanfänge. Welche Schlüsse lassen Ihre Befunde hinsichtlich des beabsichtigten propagandistischen Effekts zu?
8. Alwin Binder und Dietrich Scholle haben die Entwicklung der ersten Strophe in verschiedenen Fassungen Bürgers von 1773 bis 1789 verfolgt. Decken Sie die Veränderungen in der syntaktischen Struktur durch Vergleich zweier Fassungen auf. Dabei können Ihnen zwei Tafelbilder der Autoren helfen, die sich auf die Fassungen von 1776 und 1789 beziehen.[3] Notieren Sie sich die Korrekturen Bürgers, und fragen Sie nach den Gründen. Sie müssen dabei das Versmaß, adverbiale Zusätze, die Akkusativobjekte sowie die konjugierten und unkonjugierten Prädikatsteile berücksichtigen. Was hat sich in der Fassung von 1789 an der propagandistischen Wirkung geändert?

1 a.a.O., Teil I: Unterrichtsmodelle und Analysen, S. 62ff.
2 z. B. Deutsche Literaturgeschichte in einem Band, hrsg. von Hans Jürgen Geerdts. Berlin: Volk und Wissen 1968
3 a.a.O., Teil I: Unterrichtsmodelle und Analysen, S. 65f.

Syntaktische Struktur der ersten Strophe im Musenalmanach 1776

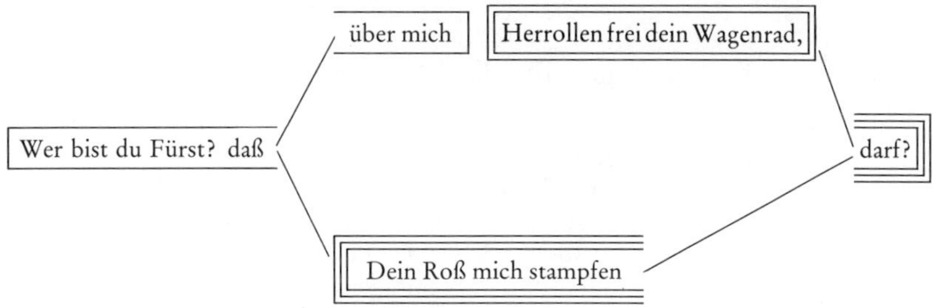

Syntaktische Struktur der ersten Strophe in der Fassung von 1789

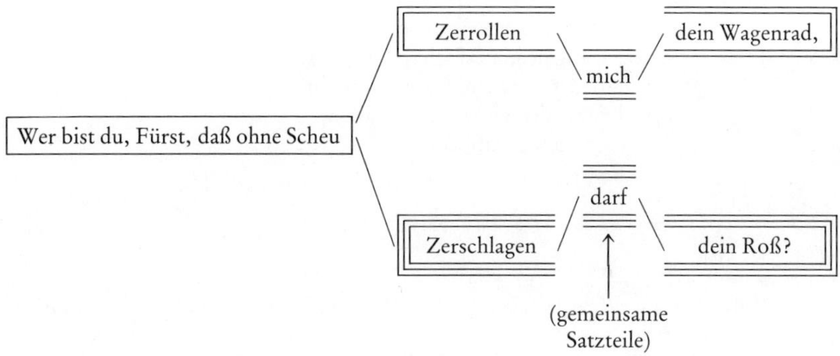

6.2 GEGEN DEN STRICH

Hans Magnus Enzensberger
Ins Lesebuch für die Oberstufe

Lies keine Oden, mein Sohn, lies die Fahrpläne:
sie sind genauer. Roll die Seekarten auf,
eh es zu spät ist. Sei wachsam, sing nicht.
Der Tag kommt, wo sie wieder Listen ans Tor
schlagen und malen den Neinsagern auf die Brust
Zinken. Lern unerkannt gehn, lern mehr als ich:
das Viertel wechseln, den Paß, das Gesicht.
Versteh dich auf den kleinen Verrat,
die tägliche schmutzige Rettung. Nützlich
sind die Enzykliken zum Feueranzünden,
die Manifeste: Butter einzuwickeln und Salz
für die Wehrlosen. Wut und Geduld sind nötig,
in die Lungen der Macht zu blasen
den feinen tödlichen Staub, gemahlen
von denen, die viel gelernt haben,
die genau sind, von dir.

1957 v

(aus: Gedichte 1955–1970. Frankfurt/Main: Suhrkamp 1971)

Das Gedicht scheint auf den ersten Blick ein Mitteilungs-Text zu sein, so daß sich die Frage ergibt, wodurch es sich als poetischer Text ausweist. Diese Frage ist ohne ein Minimum von theoretischen Vorkenntnissen nicht zu lösen. Der tschechische Literaturtheoretiker Jan Mukarovsky hilft hier durch die Unterscheidung der wesentlichen Funktionen der Sprache und ihrer Beziehungen zueinander weiter:

„Die poetische Benennung unterscheidet sich von der mitteilenden dadurch, daß ihre Beziehung zur Realität zugunsten ihrer semantischen [bedeutungsmäßigen, E. M.] Einfügung in den Kontext abgeschwächt wird. Die praktischen Funktionen der Sprache, nämlich die darstellende, die expressive und die appellative,[1] sind in der Dichtung der ästhetischen untergeordnet, die das Zeichen selbst in den Mittelpunkt des Interesses rückt. Das Vorherrschen eben dieser Funktion läßt den Kontext in der Poesie große Bedeutung erlangen.“[2]

Die Erkenntnis Mukarovskys haben Karl-Heinz Fingerhut und Norbert Hopster in eine leicht faßliche Graphik übersetzt.[3]

1 Diese drei Funktionen der Sprache werden im folgenden genauer erklärt.
2 Jan Mukarovsky: Die poetische Benennung und die ästhetische Funktion der Sprache. – In: J. Mukarovsky: Kapitel aus der Poetik. Frankfurt/M. 1967 = es 230, S. 44 ff.
3 Karl-Heinz Fingerhut und Norbert Hopster: Politische Lyrik. Frankfurt: Diesterweg 1972, S. 17

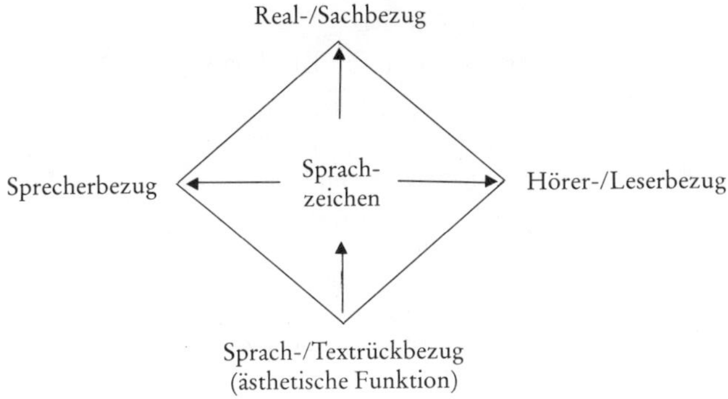

In diesem Schaubild fällt auf, daß drei Pfeile nach außen verweisen, während einer nach innen gerichtet ist. Dies erklärt sich dadurch, daß Sprecher, Sache und Hörer außerhalb der sprachlichen Zeichen existieren, diese also auf sie verweisen können, während die ästhetische Funktion der Sprache nur innerhalb des Zusammenhangs der Sprachzeichen, des Kontextes faßbar wird.

Der Autor des Gedichtes „Ins Lesebuch für die Oberstufe", Hans Magnus Enzensberger, weist der ästhetischen Funktion der Sprache auch für politische Gedichte sehr hohe Bedeutung zu, weil nach seiner Ansicht die politische Dimension eines Gedichtes nicht als wie auch immer gearteter Auftrag, „d. h. in einem politischen Thema jenseits der sprachlichen Fassung des poetischen Textes aufgesucht werden" kann.[4]

Für die anschließenden Aufgabenstellungen, deren Systematik wir von Fingerhut und Hopster übernommen haben[5], sind noch Kategorien von Karl Bühler wichtig, der drei Grundfunktionen des Sprachzeichens unterschieden hat: die darstellende Funktion, wenn es sich auf die Wirklichkeit/Sache bezieht, die expressive oder Kundgabefunktion, wenn man es vom Sprecher her sieht, sowie die appellative Funktion, wenn man den Hörer-/Leserbezug ins Auge faßt.

Nehmen wir die ästhetische Funktion des Sprachzeichens hinzu, so ergeben sich Arbeitsanregungen in vier Richtungen:

1. Die darstellende Funktion:
   Auf welche historischen und gesellschaftspolitischen Situationen ist das Gedicht bezogen? Relativieren Sie von diesem Bezug her die Ablehnung der Oden.
2. Die expressive Funktion:
   Läßt der Autor Gefühle im Umgang mit seiner Botschaft erkennen? Wozu versucht er seine Leser aufzufordern?
3. Die appellative Funktion:
   a) Welchen Reflexionsprozeß will der Text auslösen?
   b) Wo versucht der Text Normen der öffentlichen Meinung in Frage zu stellen?
4. Die ästhetische Funktion:
   a) Welche sprachlichen Gegensätze bestimmen dieses Gedicht?
   b) Welches Schlüsselwort erklärt die Wahl der Begriffe ‚Fahrpläne' und ‚Seekarten'?
   c) Für welche Form des Sprechens hat sich Enzensberger entschieden?
   d) Welche Funktion haben die Zeilensprünge und der kurze Satzbau?

4 a.a.O., S. 18
5 a.a.O., S. 27

Kurt Bartsch
Sozialistischer Biedermeier

Zwischen Wand- und Widersprüchen
Machen sie es sich bequem.
Links ein Sofa, rechts ein Sofa
In der Mitte ein Emblem.

Auf der Lippe ein paar Thesen
Teppiche auch auf dem Klo.
Früher häufig Marx gelesen.
Aber jetzt auch so schon froh.

Denn das ‚Kapital' trägt Zinsen:
Eignes Auto. Außen rot.
Einmal in der Woche Linsen.
Dafür Sekt zum Abendbrot.

Und sich noch betroffen fühlen
Von Kritik und Ironie.
Immer eine Schippe ziehen
Doch zur Schippe greifen nie.

Immer glauben, nur nicht denken
Und das Mäntelchen im Wind.
Wozu noch den Kopf verrenken
Wenn wir für den Frieden sind?

Brüder, seht die rote Fahne
Hängt bei uns zur Küche raus.
Außen Sonne, innen Sahne.
Nun sieht Marx wie Moritz aus.

1971 e

(aus: Die Lachmaschine. Berlin. Klaus Wagenbach 1971)

Kurt Bartsch wurde 1937 in Berlin geboren. Nach seinem Abitur arbeitete er als Lagerarbeiter, Telefonist und Lektoratsassistent. 1964 bis 1965 studierte er am Institut für Literatur in Leipzig. Seit 1966 ist Bartsch freischaffend.

Das Gedicht thematisiert Widersprüche, die im Verhalten des politischen Establishments der DDR anzutreffen sind, wo aus Funktionären, die subjektiv ehrlich hinter einer Sache stehen, die vielkritisierten Bonzen werden können, die Schwierigkeiten mit ihrer persönlichen Glaubwürdigkeit haben.

Das Biedermeier als literarische Epoche beginnt nach dem Wiener Kongreß (1814) und den Karlsbader Beschlüssen (1819), die die absolutistischen Regierungen in Europa wieder in ihre alten Rechte einsetzten und jede Form politischer und geistiger Freiheit in Deutschland erstickten. „Das Bürgertum des Biedermeiers war nach der Revolutions- und Kriegszeit, nach den vergeblichen Versuchen, das absolutistische Regiment zu lockern, tief enttäuscht und müde. Es sehnte sich nach Zurückgezogenheit und Privatleben, und es fügte sich willig Ganzheiten wie Religion, Staat, Heimat. Man glaubte, politisch einen Mittelweg zwischen reaktionären und revolutionären Tendenzen gehen zu können."[1]

Im umgangssprachlichen Sinne meint der Begriff Biedermeier Menschen, die sich den Anschein von Seriosität geben, politisch resigniert haben und faule Kompromisse suchen.

1. Welche Folgen der Anpassung kritisiert Bartsch im einzelnen?
2. Wo werden die in der ersten Zeile erwähnten Widersprüche deutlich? Mit welchen stilistischen Mitteln werden sie hervorgetrieben?
3. Welcher Widerspruch erinnert Sie daran, daß der Autor in der DDR lebt?
4. Möglicherweise ist Bartsch mit der Verwendung der Volksliedstrophe dem bekannteren Wolf Biermann gefolgt. Entwickeln Sie eine Skizze des Metrums aller Strophen, und tragen Sie mit unterschiedlichen Farben die Akzente des Metrums und Rhythmus ein. Was fällt Ihnen zur rhythmischen Variabilität der Verse auf? Beziehen Sie bei Ihrer Antwort auch die Zuordnung der Zeilen jeder Strophe zueinander ein. Berücksichtigen Sie dabei Inhalt und Form, z. B. die Reime.
5. Ermitteln Sie die Herkunftsbereiche des Vokabulars und der Anspielungen. Wie fügt sich die Lexik zueinander?
6. Beschreiben Sie die Wirkung, die sich aus der Zuordnung von Strophenform des Volkslieds zu dem Zusammenspiel von Metrum und Rhythmus sowie zu dem Vokabular und den Anspielungen ergibt. Ziehen Sie jetzt einen Vergleich zu Gedichten Biermanns, die in der Volksliedstrophe abgefaßt sind.[2]
7. Aus den einleitenden gedanklichen Texten unserer Auswahl zur politischen Lyrik geht unmißverständlich eine Abgrenzung gegen platte tendenziöse Verse hervor, denen die Qualität, Poesie zu sein, abgesprochen wird. Die Tendenz des „Sozialistischen Biedermeier" liegt auch offen auf der Hand. Diskutieren Sie, ob das Gedicht genügend ästhetische Widerstandsmomente enthält, die es gegen den Vorwurf der Trivialität schützen können.

1 H. A. und E. Frenzel: Daten deutscher Dichtung, Bd. II, a.a.O., S. 9f.
2 Wolf Biermann: Die Drahtharfe. Berlin: Klaus Wagenbach 1965

Uwe Timm

Lob der Idylle

Schön ist es
am Abend an einem See der holsteinischen Schweiz
– vielleicht unter herbstfarbenen Buchen –
den Sonnenuntergang zu genießen
wissend
daß der Milchpfennig auch nach der Bundestagswahl gezahlt wird
während auf den Feldern die Knechte
die Ernte einfahren

schöner
am Morgen auf der Terrasse einer Villa
– zum Beispiel auf dem Falkensteiner Ufer –
in aller Ruhe die Vier Jahreszeiten von Vivaldi
mit einem Bourbon-Whisky hinunterzuspülen
wissend
daß die Tariflöhne nicht gekündigt werden
während in den Maschinenhallen die Arbeiter
mit geübten gleichmäßigen Griffen die Gewinde fräsen

schöner noch
an einem Novembernachmittag vor der Küste Teneriffas
beim Surfing den Blick auf die schneebedeckte Kuppe
des Pico de Teide zu richten
wissend
daß die Aktien steigen
während die Kumpel vor Ort mit kraftvollen Stößen
den Kohlenhobel an das Flöz schieben

am schönsten
in der Nacht auf einer Safari in Südafrika
das gleichmäßige Äsen
eines weißen Nashorns zu beobachten
wissend
daß der Boy den afrikanischen Hummer im Wasser siedet
während die südafrikanischen Streitkräfte mit dem CIA
für Ruhe und Ordnung im Lande sorgen

Beunruhigend aber der Gedanke
daß es Leute gibt
die keinen Sinn für Schönheit haben

1971 e

(aus: Widersprüche. Hamburg. Neue Presse 1971)

Einem für Ironiesignale empfänglichen Menschen wird der Sinn dieses Gedichtes schon nach dem ersten Lesen einleuchten. Wird er aber auch so bald erkennen, wodurch die Irritationen im einzelnen zustande kommen? Die folgenden Arbeitsanregungen sollen Sie entdecken lassen, daß ein politisches Gedicht als differenziertes Kunstwerk hinter der sogenannten reinen Poesie nicht zurückstehen muß.

1. Nennen Sie in einem ersten Durchgang alle formalen Parallelen, die Ihnen am Aufbau dieser Verse auffallen.
2. Fertigen Sie jetzt eine Skizze vom Aufbau jeder einzelnen Strophe an. Beachten Sie das Zusammenspiel von Kurzzeilen und Langzeilen, von analog gebauten Sätzen einschließlich der Wortstellung, und bestimmen Sie die Funktion des Partizip Präsens ‚wissend'.
3. Definieren Sie den Begriff ‚Idylle' schriftlich so genau wie möglich.
4. Es ist eine Komponente des Begriffs ‚Idylle', daß der Ort, an dem sie sich ereignet, wie ein hermetisch abgeschlossener Kreis durch keinerlei Störungen von außen beeinträchtigt wird.
   Untersuchen Sie nun, wie oft die Idylle aus der Sicht des distanziert kritischen Lesers in jeder Strophe gestört wird und worin die entscheidende Irritation des gesamten Gedichtes besteht. Dazu ist es notwendig, die Ironiesignale in jeder Strophe zu ermitteln.
5. Bei der folgenden Aufgabe sollten Sie sich in die Rolle jener versetzen, die bestimmte Situationen als schön empfinden, bis hin zum Superlativ ‚am schönsten'. Welche Irritationen erreichen Ihr Bewußtsein nicht? Beunruhigt fühlen Sie sich durch den Gedanken an Leute, „die keinen Sinn für Schönheit haben". Was ist mit dieser Formulierung eigentlich gemeint?
6. Wer sind jene Leute, die keinen Sinn für Schönheit haben?
7. Mit welchen ästhetischen Mitteln will Timm anzeigen, daß am Ende der hermetische Kreis der Idylle aufgebrochen wird?
8. Wir haben von Signalen der Ironie gesprochen. Zu welcher geistigen Haltung wird die Ironie bis zur vorletzten Strophe gesteigert? Beachten Sie dabei die formalen Entsprechungen in beiden Teilen jeder Strophe.
9. Insbesondere bei der modernen politischen Lyrik war der Verzicht auf schmückende Attribute (sog. Epitheta ornantia) aufgefallen. Wie erklären Sie sich, daß sie in diesem Gedicht reichlich vorhanden sind? Worin besteht ihre Funktion?
10. Diskutieren Sie, ob die Verse Timms eine propagandistische Wirkung im Sinne von Überredung hinterlassen. Begründen Sie, gleichgültig, ob Sie diese Frage mit ja oder nein beantworten.

Wilhelm Müller
Der Lindenbaum

Am Brunnen vor dem Tore
Da steht ein Lindenbaum.
Ich träumt in seinem Schatten
So manchen süßen Traum.

Ich schnitt in seine Rinde
So manches liebe Wort,
Es zog in Freud und Leide
Zu ihm mich immer fort.

Ich mußt auch heute wandern
Vorbei in tiefer Nacht,
Da hab ich noch im Dunkel
Die Augen zugemacht.

Und seine Zweige rauschten,
Als riefen sie mir zu:
Komm her zu mir Geselle,
Hier findst du deine Ruh!

Die kalten Winde bliesen
Mir grad ins Angesicht,
Der Hut flog mir vom Kopfe,
Ich wendete mich nicht.

Nun bin ich manche Stunde
Entfernt von jenem Ort,
Und immer hör ich's rauschen:
Du fändest Ruhe dort!

1832 e

(aus: Gedichte, hrsg. v. J. T. Hatfield, Berlin 1906; DLD, Bd. 137)

Bertolt Brecht

Schlechte Zeit für Lyrik

Ich weiß doch: nur der Glückliche
Ist beliebt. Seine Stimme
3 Hört man gern. Sein Gesicht ist schön.

Der verkrüppelte Baum im Hof
Zeigt auf den schlechten Boden, aber
Die Vorübergehenden schimpfen ihn einen Krüppel
7 Doch mit Recht.

Die grünen Boote und die lustigen Segel des Sundes
9 Sehe ich nicht. Von allem

Sehe ich nur der Fischer rissiges Garnnetz.
Warum rede ich nur davon
Daß die vierzigjährige Häuslerin gekrümmt geht?
Die Brüste der Mädchen
14 Sind warm wie ehedem.

In meinem Lied ein Reim
16 Käme mir fast vor wie Übermut.

In mir streiten sich
Die Begeisterung über den blühenden Apfelbaum
Und das Entsetzen über die Reden des Anstreichers.
Aber nur das zweite
21 Drängt mich zum Schreibtisch.

zwischen 1938–1941 e

(aus: Gesammelte Werke in acht Bänden. Frankfurt/Main: Suhrkamp 1967)

Walter Helmut Fritz
Bäume

Wieder hat man in der Stadt,
um Parkplätze zu schaffen,
Platanen gefällt.
Sie wußten viel.
Wenn wir in ihrer Nähe waren,
begrüßten wir sie als Freunde.
Inzwischen ist es fast
zu einem Verbrechen geworden,
nicht über Bäume zu sprechen,
ihre Wurzeln,
den Wind, die Vögel,
die sich in ihnen niederlassen,
den Frieden,
an den sie uns erinnern.

1976 e

(aus: Schwierige Überfahrt. Hamburg: Hoffmann und Campe 1976)

Bei diesen drei Gedichten geht es uns nicht um eine detaillierte Analyse jedes einzelnen. Vergleichen Sie sie unter einem bestimmten Gesichtspunkt.

1962 setzte sich Hans Magnus Enzensberger mit dem Begriff ‚politische Lyrik' auseinander: „Ein politisches Gedicht oder nicht? Das ist ein Streit um Worte."[1] Man mag geteilter Meinung darüber sein, ob man sich dieser These Enzensberger anschließen kann. Sicher ist aber, daß es von den gesellschaftlichen Bedürfnissen der Leser in einer bestimmten historischen Situation abhängt, ob sie einem lyrischen Text politische Bedeutung beimessen. Um zu demonstrieren, wie sich die politische Aussage eines Textes im Laufe der Geschichte wandeln kann, haben wir die Gedichte von Müller, Brecht und Fritz zusammengestellt, in denen Bäume eine wesentliche Rolle spielen.

Sie sollten die drei Gedichte zunächst hintereinander lesen und über die Funktion der Bäume für die Öffentlichkeit diskutieren. Dabei empfiehlt es sich, von folgenden Impulsen auszugehen:

1. Belegen Sie am Text, inwieweit sich die Autoren der gesellschaftlichen Relevanz des/der Bäume bewußt sind. Für die Beantwortung dieser Frage sind auch die Entstehungsdaten der Gedichte wesentlich.
2. Welchem der drei Gedichte würden Sie aus der Einschätzung heutiger gesellschaftlicher Probleme Bedeutung für die Öffentlichkeit zusprechen?
3. Inwieweit erscheint Ihnen die Unterscheidung von Naturgedichten und politischer Lyrik berechtigt und zweckmäßig?
4. Weshalb kann diese Klassifizierung aus heutiger Sicht irreführend sein?

1 Hans Magnus Enzensberger: Einzelheiten. Frankfurt/Main: edition suhrkamp 1962, S. 350

6.4 KRIEG

Matthias Claudius
Kriegslied

's ist Krieg! 's ist Krieg! O Gottes Engel wehre,
Und rede Du darein!
's ist leider Krieg – und ich begehre
Nicht schuld daran zu sein!

Was sollt ich machen, wenn im Schlaf mit Grämen
Und blutig, bleich und blaß
Die Geister der Erschlagnen zu mir kämen
Und vor mir weinten, was?

Wenn wackre Männer, die sich Ehre suchten,
Verstümmelt und halb tot
Im Staub sich vor mir wälzten und mir fluchten
In ihrer Todesnot?

Wenn tausend, tausend Väter, Mütter, Bräute,
So glücklich vor dem Krieg,
Nun alle elend, alle arme Leute,
Wehklagten über mich?

Wenn Hunger, böse Seuch und ihre Nöten
Freund, Freund und Feind ins Grab
Versammleten und mir zu Ehren krähten
Von einer Leich' herab?

Was hülf' mir Kron' und Land und Gold und Ehre?
Die könnten mich nicht freun!
's ist leider Krieg – und ich begehre
Nicht schuld daran zu sein!

1779 e

(aus: Werke. Stuttgart: J. G. Cotta 1965)

Matthias Claudius, Sohn eines Pfarrers, lebte von 1740 bis 1815 und wurde in Rheinfeld/Holstein geboren. Er studierte Theologie und Jura. Neben seiner Tätigkeit als Schriftsteller gab er 1771–1775 den Wandsbecker Boten heraus, den er zu einer führenden literarischen Zeitschrift entwickelte. Durch die Freiheitskriege (1813/14), die England, Rußland, Preußen und Österreich gegen Napoleon führten, wurde Claudius aus Wandsbeck vertrieben.

Außer in dem „Kriegslied" lehnt Claudius auch in der Dialogskizze „Audienz beim Kaiser von Japan" (1778) „die direkt die deutschen Zustände aufgreift ... aus pazifistischem Geist jeden Krieg ab."[1]

1 Deutsche Literaturgeschichte in einem Band, hrsg. von Hans Jürgen Geerdts, a.a.O., S. 219

1. Es steht außer Frage, daß Claudius im „Kriegslied“ ein bedrückendes persönliches Gefühl zum Ausdruck bringt. Deshalb sollten Sie sich dem Gedicht auch zunächst emotional nähern und die Gefühle austauschen, die es in Ihnen auslöst.
2. Schlagen Sie in Geschichtsbüchern nach, ob Claudius sich auf einen aktuellen Krieg bezieht und/oder ob er einen künftigen Krieg visionär vorwegnimmt?
3. Die meisten der von uns bisher analysierten Gedichte beabsichtigen eine propagandistische Wirkung. Kann davon auch bei diesem Gedicht die Rede sein, das in der Ich-Form verfaßt ist?
4. Finden Sie einen passenden Begriff für das Gesamtbild, das die dichterische Einbildungskraft des Matthias Claudius erzeugt hat.
5. Mit welchen stilistischen Mitteln erreicht Claudius es, sein angstvolles Bild immer bedrükkender werden zu lassen?
6. Mit welchem Begriff könnte man die Wirkung des modern anmutenden Bildes der letzten Strophe bezeichnen?
7. Welche Wortarten benutzt Claudius gleichsam wie düstere Farben für sein ergreifendes Gemälde?
8. Vergleichen Sie Claudius’ Verse mit einem Barockgedicht, z. B. mit „Tränen des Vaterlandes“ (1636) von Andreas Gryphius (in mehreren Anthologien greifbar). Begründen Sie von Inhalt und Form her, welches Gedicht Ihnen moderner erscheint.
9. In welchen historischen Situationen hat sich das von Claudius angesprochene Kriegsschuldproblem für uns Deutsche besonders eindringlich gestellt?
10. Erörtern Sie, ob man den Text von Claudius überhaupt als politisches Gedicht bezeichnen kann.

Hans Baumann

Es zittern die morschen Knochen

Es zittern die morschen Knochen
der Welt vor dem roten Krieg.
Wir haben den Schrecken gebrochen,
für uns wars ein großer Sieg.
Wir werden weitermarschieren,
wenn alles in Scherben fällt,
denn heute, da hört uns Deutschland
und morgen die ganze Welt.

Und liegt vom Kampfe in Trümmern
die ganze Welt zuhauf,
das soll uns den Teufel kümmern,
wir bauen sie wieder auf.
(Refrain)

Und mögen die Alten auch schelten,
wir lassen sie toben und schrein,
und stemmen sich gegen uns Welten,
wir werden doch Sieger sein.
(Refrain)

Sie wollen das Lied nicht begreifen,
sie denken an Knechtschaft und Krieg –
derweil unsre Äcker reifen.
Du Fahne der Freiheit, flieg!
Wir werden weitermarschieren,
wenn alles in Scherben fällt;
die Freiheit stand auf in Deutschland
und morgen gehört ihr die Welt.

1932 e

(aus: Morgen marschieren wir. Liederbuch der deutschen Soldaten. Im Auftrag des Oberkommandos der Wehrmacht hrsg. von Hans Baumann. Potsdam: Voggenreiter. o. J. (1939), S. 197)

Nach dem Gedicht von Claudius bezieht sich auch dieses Gedicht auf das Motiv Krieg. „Es zittern die morschen Knochen“, entstanden 1932, ist eine für den Nationalsozialismus typische propagandistische Verarbeitung dieses Motivs. Baumann war Referent für Reichsjugendführung in Berlin. Sein Lied erschien in „Morgen marschieren wir, Liederbuch der deutschen Soldaten“, das er selbst im Auftrag des Oberkommandos der Wehrmacht herausgab.

1. Für Propaganda, gleichgültig in welchem Medium und in welcher Darbietungsform sie erscheint, ist ein wesentliches Charakteristikum, daß sie ein Feindbild aufbaut. Auf welchen Feind soll dieses Gedicht die Aggressionen seiner Leser lenken?
2. Welche Werte werden als Preis des Sieges und zur Erhöhung des Selbstwertgefühls ausgegeben?
3. Welche Zeilen des Gedichtes haben provoziert, daß gesungen wurde „denn heute *gehört* uns Deutschland ...“?
4. Versuchen Sie aus der frühen Geschichte des Dritten Reiches zu erklären, weshalb es der Verfasser nicht nötig hatte, Zerstörung durch Krieg („wenn alles in Scherben fällt“) zu kaschieren.
5. Welche charakteristischen Merkmale des Agitprop finden sich bei Baumann?
6. Welche Rolle spielen Metrum und Rhythmus?
7. Untersuchen Sie, wie das Gedicht von Baumann durch das in mehreren Lesebüchern abgedruckte Gedicht von Bertolt Brecht: [„Kälbermarsch“] in Frage gestellt wird. Die Anfangszeilen des Gedichtes lauten: „Hinter der Trommel her ...“ (vgl. S. 81)

Ingeborg Bachmann
Alle Tage

Der Krieg wird nicht mehr erklärt,
sondern fortgesetzt. Das Unerhörte
ist alltäglich geworden. Der Held
bleibt bei den Kämpfen fern. Der Schwache
ist in die Feuerzonen gerückt.
Die Uniform des Tages ist die Geduld,
die Auszeichnung der armselige Stern
der Hoffnung über dem Herzen.

Er wird verliehen,
wenn nichts mehr geschieht,
wenn das Trommelfeuer verstummt,
wenn der Feind unsichtbar geworden ist
und der Schatten ewiger Rüstung
den Himmel bedeckt.

Er wird verliehen
für die Flucht von den Fahnen,
für die Tapferkeit vor dem Freund,
für den Verrat unwürdiger Geheimnisse
und die Nichtachtung
jeglichen Befehls.

1953 v

(aus: Die gestundete Zeit. München: Piper 1964, S. 26)

1. Welche Art Krieg, der alle Tage fortgesetzt wird, meint Bachmann?
2. Dieses Gedicht wird nur verstanden, wenn jede einzelne Zeile genau auf ihre Bedeutung hin analysiert wird. Dabei ist es besonders wichtig, die verschlüsselten inhaltlichen Paradoxa der letzten Strophe so aufzulösen, daß sie einen plausiblen Sinn ergeben.
3. Welche Funktion haben die Zeilensprünge in der ersten Strophe?
4. Wie ergänzen sich Satzbau der zweiten und dritten Strophe und inhaltliche Aussage?
5. Krieg ist das augenfällige Thema von „Alle Tage“. Welches ist das genaue Motiv?
6. Fassen Sie abschließend die Einsicht zusammen, zu der dieses Gedicht führen soll.

7 RELIGIÖSE LYRIK

Andreas Gryphius
Über die Geburt Jesu

Nacht, mehr denn lichte Nacht! Nacht, lichter als der Tag!
Nacht, heller als die Sonn, in der das Licht geboren,
Das Gott, der Licht in Licht wahrhaftig, ihm erkoren!
4 O Nacht, die alle Nächt und Tage trotzen mag!

O freudenreiche Nacht, in welcher Ach und Klag
Und Finsternis und was sich auf die Welt verschworen
Und Furcht und Höllenangst und Schrecken war verloren!
8 Der Himmel bricht; doch fällt nunmehr kein Donnerschlag.

Der Zeit und Nächte schuf, ist diese Nacht ankommen
Und hat das Recht der Zeit und Fleisch an sich genommen
11 Und unser Fleisch und Zeit der Ewigkeit vermacht.

Die jammertrübe Nacht, die schwarze Nacht der Sünden,
Des Grabes Dunkelheit muß durch die Nacht verschwinden.
14 Nacht, lichter als der Tag! Nacht, mehr denn lichte Nacht!

1663 v

(aus: Freuden und Trauer-Spiele, auch Oden und Sonette, Breslau 1663. – Lyrische Gedichte, hrsg. v. H. Palm, Tübingen 1884; BLV, Bd. 171)

Mit diesem Gedicht beginnen wir die Interpretation des 5. Teils unserer Auswahl, der religiösen Lyrik. Diese kann sich ihrem Sujet, Gott, dem Göttlichen, grundsätzlich auf drei verschiedene Weisen zu nähern versuchen:

- im Lobpreis aus Hingabe, aus Ergriffenheit jenseits aller Reflexion
- in Anschauung und mystischer Versenkung unter Anspannung aller Sinne
- in grüblerischem Durchdenken.

Religiöse Lyrik kann ohne einen Blick auf das Leben des religiösen Dichters, auf äußere Geschehnisse und seelische Ereignisse, die die religiöse Suche und Hingabe ausgelöst haben, nur unzureichend verstanden werden. Sie kann deshalb nicht ohne die Epoche begriffen werden, in der sie entsteht. Das soll nicht heißen, daß ein vereinfachender Kausalzusammenhang zwischen Leben und Epoche einerseits und dem Werk andererseits hergestellt werden darf. Gerade auf dem Felde religiöser Gedichte gibt es vielfältige epochenbedingte gefühlsmäßige Brechungen des dichterischen Stoffes und nur individuell erklärbare Annäherungsversuche. Diese können je nachdem mit dialektischem Denken oder in tiefer Versenkung des Lesers nachvollzogen werden.

Verschaffen Sie sich also vor einem Interpretationsversuch des Gedichtes einen Überblick über die Epoche des Barock[1] und einen Einblick in das Leben von Gryphius[2].

Zu den präzis umrissenen dichterischen Bildern des Barock (Embleme), zur Rangordnung seiner dichterischen Themen sowie zur Form des vorliegenden Gedichtes sind einige spezifische Kenntnisse unverzichtbar, die Ihnen die folgenden Zitate vermitteln sollen.

„Nach biblischem Bericht geschah die Geburt Jesu nachts. Dadurch ist das Motiv der Nacht vom Stoff her gegeben (als reale Zeit). Das Gedicht will nun aber von der Bedeutung dieser Geburt sprechen. Sie besteht darin, daß in die sündige, unerlöste Welt der Heiland kam, bildhaft gesprochen: in die nächtlich-dunkle Welt das Licht. Dadurch ist das Motiv der Nacht vom Gehalt her gegeben (als Bild, als Emblem). Die Bedeutung „Nacht" für die unerlöste sündige Welt ist nicht willkürlich und nicht dekorativ. Man kann sie nur recht verstehen, wenn man weiß, in welcher Weise Gryphius und seine Zeitgenossen die Dinge der Naturordnung auf die Heilsordnung bezogen. Das ganze Weltbild war ‚emblematisch'. Daß es Tag und Nacht gibt, ist bereits ein Hinweis auf Gott und Teufel; der Mensch legt das nicht in die Dinge hinein, sondern diese Bedeutung liegt gottgewollt in ihnen. Der Mensch muß anschauend und denkend diesen tieferen Sinn der Erscheinungen wahrnehmen. Naturordnung und Heilsordnung haben geheime Beziehungen. Daß die Geburt des Heilands nachts erfolgte, hat also bereits eine sinnbildliche Bedeutung: Er wird in die nächtliche, d. h. dem göttlichen Licht abgewandte Welt hineingeboren. Hier liegt für das Gedicht die innere Beziehung zwischen der Nacht als zeitlichem Motiv und der Nacht als sinnbildlichem Motiv."[3]

„Das Thema des Gedichts gehört zu demjenigen Bereich, welchen das Barock, das eine Rangordnung der Themen kannte, als hohen, ja höchsten Bereich ansah. Dem ‚hohen' Gegenstand muß nun eine ‚hohe' Form entsprechen. Das Barock hatte für die Formen seiner Kunst – auch der Dichtung – feste Ordnungen. Der ‚ordo' der Kunstform symbolisiert den ‚ordo' der Welt und gehört insofern gerade zu dem religiösen Thema. Vom ersten bis zum letzten Wort ist das Gedicht formbewußt und formbetont. Das Sonett ist eine der wenigen lyrischen Formen, deren Länge von vornherein feststeht; in dem Bereich von 14 Zeilen muß alles zu Sagende Raum finden; sein Geist ist Form und Grenze."[4]

1. Welchem Teil des Neuen Testamentes hat Gryphius sein Thema entnommen?
2. Halten Sie Ihren ersten Eindruck von dem Stil des Gedichtes fest.
3. Im folgenden soll untersucht werden, wie der Stil sich konstituiert:
   a) Gehen Sie dem Verhältnis zwischen der Nacht als zeitlichem und emblematischem (sinnbildlichem) Motiv genau nach. Welche anderen Worte treten ebenfalls emblematisch zu dem Motiv ‚Nacht' in Beziehung? Welche Aufgabe erfüllen in diesem Zusammenhang die Komparative?
   b) Beschreiben Sie den äußeren Aufbau des Gedichtes nach Strophen und Zeilen (Form des Sonetts) und die innere Gliederung der Strophen. Welche Funktion übernehmen bei der inneren Strukturierung Parallelen, Antithesen, Paradoxa und Häufungen?
   c) Die Langverse werden durch rhythmische Innenpausen, durch sogenannte Zäsuren gegliedert. Wo bilden die Zäsuren deutliche Einschnitte, wo werden sie durch den Rhythmus weniger scharf markiert?
4. Trunz verweist darauf, daß die Verse von Gryphius nach den Erfahrungen mit der Poesie der Romantik durch ihre geschliffene Form scheinbar kühl anmuten. Andererseits spricht er von leidenschaftlicher Religiosität. Können Sie sich dem zweiten Teil seines Urteils anschließen? Wenn ja, worin zeigt sich die Gefühlsintensität dieser Religiosität?

1 z. B. bei H. A. und E. Frenzel: Daten deutscher Dichtung, Bd. I, a.a.O., S. 103 ff.
2 z. B. bei Fritz Martini: Deutsche Literaturgeschichte. Von den Anfängen bis zur Gegenwart, a.a.O., S. 147 ff.
3 Erich Trunz: Andreas Gryphius: Über die Geburt Jesu. – In: Benno von Wiese (Hrsg.): Die deutsche Lyrik, Bd. I, S. 136 f.
4 a.a.O., S. 137

Novalis
Ich sehe dich in tausend Bildern

Ich sehe dich in tausend Bildern,
Maria, lieblich ausgedrückt,
Doch keins von allen kann dich schildern,
Wie meine Seele dich erblickt.

Ich weiß nur, daß der Welt Getümmel
Seitdem mir wie ein Traum verweht
Und ein unnennbar süßer Himmel
Mir ewig im Gemüte steht.

Novalis
Wenn nicht mehr Zahlen und Figuren

Wenn nicht mehr Zahlen und Figuren
Sind Schlüssel aller Kreaturen,
Wenn die so singen oder küssen
Mehr als die Tiefgelehrten wissen,
Wenn sich die Welt ins freie Leben
Und in die Welt wird zurückbegeben,
Wenn dann sich wieder Licht und Schatten
Zu echter Klarheit werden gatten
Und man in Märchen und Gedichten
Erkennt die ewgen Weltgeschichten,
Dann fliegt vor Einem geheimen Wort
Das ganze verkehrte Wesen fort.

(aus: Schriften, hrsg. v. P. Kluckhohn u. R. Samuel, Stuttgart: W. Kohlhammer 1960)

„Für die Romantiker ist Wissen und Glauben, Philosophie und Religion nicht voneinander getrennt. ... Die Versöhnung des Christentums mit dem Idealismus vollzog Friedrich Schleiermacher (1768–1834). Hauptschriften: Reden über die Religion an die Gebildeten unter ihren Verächtern (1799) und Monologe (1800). Religion sei das Gefühl des Zusammenhangs des einzelnen mit dem Ewigen und Unendlichen, eine Forderung des Gemütes, Sinn für das Übersinnliche, das Unendliche, „Anschauung des Universums. Religion gehe also weder in Metaphysik, noch in Moral, noch in Historie auf. Religion bedeute schlicht innige Abhängigkeit vom Unendlichen.“[1]

1 H. A. und E. Frenzel: Daten deutscher Dichtung, Bd. I, a.a.O., S. 251 f.

Innerhalb der Romantik hatte Friedrich von Hardenberg (1772–1801), der sich Novalis nannte, eine besonders intensive Beziehung zur Religion. Als seine Verlobte Sophie von Kühn schon mit fünfzehn Jahren starb, löste dieses Todeserlebnis in ihm eine ungewöhnliche religiöse Sehnsucht aus. „Er begriff die Liebe als eine kosmische und seelische Elementargewalt und verlangte, aus der Kraft des magischen inneren Bewußtseins, der Geliebten nachzusterben, um sich mit ihr in höchster Vergeistigung im Unendlichen zu vereinen. Der Name Sophie wurde ihm zum Zeichen der Sophia als der göttlichen Weisheit, von der Jakob Böhme gesprochen hatte. Seiner Mystik und einer mystischen Naturphilosophie und Seelenlehre wandte sich Novalis, nach der Wahrheit geheimer Naturkräfte suchend, zu. Der Glaube an magische Geisteskräfte in der Natur verband sich mit einer neuen Erfahrung des Christentums, dessen Erlösungsbotschaft ihm durch die Mittlerschaft des Todes der Geliebten zum Erlebnis wurde. Der Dichter war für Novalis dem Seher und Priester gleich. Das rationale Weltbild trennt Ursache und Folge als logische Abhängigkeit; in diesem magischen Idealismus dagegen floß alles zusammen: jeder Teil erschien in der Wechselbeziehung mit dem Ganzen der Welt – bis zu den entferntesten kosmischen Erscheinungen."[2] Ganzheit strebte Novalis auch in seiner Schrift „Die Christenheit oder Europa" (1799) an, die die vorreformatorische Glaubenseinheit wiederherstellen sollte.

1. Wodurch wird deutlich, daß Novalis das Göttliche auf irrationalem Wege, mit den Kräften des Gemütes sucht?
2. Welche Rolle spielen die Künste als Anregung und Medium auf dem Wege zu Gott? Wo wird aber auch ihre Grenze sichtbar?
3. Versuchen Sie aus der Biographie des Novalis zu erklären, daß die Frauengestalt der Maria in seinen Versen eine besondere Bedeutung hat.
4. Wie umschreibt Novalis die Grenzenlosigkeit, Klarheit und zugleich Unfaßbarkeit des Göttlichen?
5. Worin sehen Sie den wesentlichen stilistischen Unterschied (Strophenform, Metrum, Rhythmus, Vokabular) zu dem Gedicht von Gryphius „Über die Geburt Jesu"?

2 Fritz Martini: Deutsche Literaturgeschichte, a.a.O., S. 311 f.

Annette von Droste-Hülshoff

Am letzten Tage des Jahres (Silvester)

Das Jahr geht um,
Der Faden rollt sich sausend ab.
Ein Stündchen noch, das letzte heut,
Und stäubend rieselt in sein Grab,
Was einstens war lebendge Zeit.
Ich harre stumm.

's ist tiefe Nacht!
Ob wohl ein Auge offen noch?
In diesen Mauern rüttelt dein
Verrinnen, Zeit! Mir schaudert, doch
Es will die letzte Stunde sein
Einsam durchwacht,

Gesehen all,
Was ich begangen und gedacht.
Was mir aus Haupt und Herzen stieg,
Das steht nun eine ernste Wacht
Am Himmelstor. O halber Sieg!
O schwerer Fall!

Wie reißt der Wind
Am Fensterkreuze! Ja, es will
Auf Sturmesfittichen das Jahr
Zerstäuben, nicht ein Schatten still
Verhauchen unterm Sternenklar.
Du Sündenkind,

War nicht ein hohl
Und heimlich Sausen jeder Tag
In deiner wüsten Brust Verließ,
Wo langsam Stein an Stein zerbrach,
Wenn es den kalten Odem stieß
Vom starren Pol?

Mein Lämpchen will
Verlöschen, und begierig saugt
Der Docht den letzten Tropfen Öl.
Ist so mein Leben auch verraucht?
Eröffnet sich des Grabes Höhl
Mir schwarz und still?

Wohl in dem Kreis,
Den dieses Jahres Lauf umzieht,
Mein Leben bricht. Ich wußt es lang!
Und dennoch hat dies Herz geglüht
In eitler Leidenschaften Drang!
Mir brüht der Schweiß

Der tiefsten Angst
Auf Stirn und Hand. – Wie? dämmert feucht
Ein Stern dort durch die Wolken nicht?
Wär es der Liebe Stern vielleicht,
Dir zürnend mit dem trüben Licht,
Daß du so bangst?

Horch, welch Gesumm?
Und wieder? Sterbemelodie!
Die Glocke regt den ehrnen Mund.
O Herr, ich falle auf das Knie:
Sei gnädig meiner letzten Stund!
Das Jahr ist um!

1851 v

(aus: Sämtliche Werke, hrsg. v. Cl. Heselhaus. München: Carl Hanser 1952)

Die unbestreitbar größte Dichterin des 19. Jahrhunderts war von zarter Gesundheit und lebte von 1797–1848 in stiller, ländlicher Zurückgezogenheit. „Oft floh sie vor der Unheimlichkeit ihrer dunklen Gesichte und vor dem schmerzlichen Ansturm einer zurückgedrängten Wildheit ihrer Seele in die Idylle der Familie und die Sicherheit des ererbten Glaubens, um den sie in „Das Geistliche Jahr" (1851) mit erschütternder Bangnis und Sehnsucht rang. Diese Gedichtfolge, Ausdruck innerer Verstörungen und Zweifel gerade im tiefen Ernst der voll bejahten Glaubensbindung, ist für Jahrzehnte die letzte große Dichtung aus christlicher Religiosität in Deutschland."[1]

1. Welches Motiv zieht sich durch das gesamte Gedicht?
2. In welchen Metaphern kommt das Motiv bildlich zum Ausdruck?
3. Prüfen Sie, welche bildzeugenden Metaphern sich in einer Metaphernkette fortsetzen?
4. Wie verstehen Sie den Hinweis auf das Lebensende in diesem posthum 1851 erschienenen Gedicht?
5. Mit welchen Mitteln drückt Annette von Droste-Hülshoff ihre Lebensangst aus, und wodurch wird sie ausgelöst? An welcher Stelle und wie wird diese Angst gedämpft?
6. Clemens Heselhaus[2] hat in seiner Interpretation dieses Gedichtes von „Gewissensforschung", von „Exerzitien" und von „Meditation" gesprochen. Welchem Ziel dient letztlich diese Meditation der Droste? Wodurch wird sie in der Form des Gedichtes sichtbar?

1 Fritz Martini: Deutsche Literaturgeschichte, a.a.O., S. 382
2 In: Benno von Wiese (Hrsg.): Die deutsche Lyrik, Bd. II, a.a.O., S. 159ff.

7. Das Gedicht bewegt sich in einem engen Zeitkontinuum: „Ein Stündchen noch, das letzte heut." Wodurch wird deutlich, daß sich die Droste dessen sehr bewußt ist? Beschreiben Sie den inneren Vorgang, der sich in diesem Zeitabschnitt ereignet, und formulieren Sie, in welcher Hinsicht die Dichterin Zeit in einem umfassenden Sinne meditiert.
8. Auf den ersten Blick könnte man wegen der alternierenden Binnenreime annehmen, es mit einer liedhaften Form zu tun zu haben. Prüfen Sie im einzelnen, wodurch die Reime, die Verse, die Syntax und der Rhythmus einen ganz anderen Eindruck erzeugen. Finden Sie eine angemessene Bezeichnung für die Verse der Droste.
9. Heselhaus nennt das Gedicht einen Mahnspruch. Wer ist sein Adressat, und zwischen welchen Polen spannt sich seine Aussage?

Rainer Maria Rilke

Herbst

Die Blätter fallen, fallen wie von weit,
Als welkten in den Himmeln ferne Gärten;
sie fallen mit verneinender Gebärde.

Und in den Nächten fällt die schwere Erde
aus allen Sternen in die Einsamkeit.

Wir alle fallen. Diese Hand da fällt.
Und sieh dir andre an: es ist in allen.

Und doch ist Einer, welcher dieses Fallen
unendlich sanft in seinen Händen hält.

1902 e

(aus: Sämtliche Werke, hrsg. von E. Zinn. Frankfurt/Main: Insel 1975)

Else Lasker-Schüler
Mein blaues Klavier

Ich habe zu Hause ein blaues Klavier
Und kenne doch keine Note.

Es steht im Dunkel der Kellertür,
4 Seitdem die Welt verrohte.

Es spielen Sternenhände vier
– Die Mondfrau sang im Boote –
Nun tanzen die Ratten im Geklirr.

Zerbrochen ist die Klaviatür ...
9 Ich beweine die blaue Tote.

Ach liebe Engel öffnet mir
– Ich aß vom bitteren Brote –
Mir lebend schon die Himmelstür –
13 Auch wider dem Verbote.

1943 v

(aus: Sämtliche Gedichte. München: Kösel 1966)

Die innige Beziehung Else Lasker-Schülers zur Religion ist zum Teil aus ihrem Leben erklärbar. Sie wurde 1869 in Wuppertal geboren und entstammte einer altjüdischen Rabbiner-Familie. Sie verließ bald ihre wohlhabende bürgerliche Umgebung, experimentierte als Dichterin, z. B. in einem Caféhaus in Berlin im Austausch mit so berühmten Autoren wie Gottfried Benn, Karl Kraus und Franz Werfel. Mit ihren Gedichtbänden „Meine Wunder“ (1911), „Mein Herz“ (1912) und „Hebräische Balladen“ (1913) hatte sie so großen Erfolg, daß ihr 1932 der Kleistpreis verliehen wurde. Mit dem Erstarken des Nationalsozialismus mußte sie 1933 nach Palästina fliehen, wo sie 1945 starb. Typisch für ihr ruheloses Leben war, daß sie nie eine eigene Wohnung hatte. „Der Welt ihrer inneren Wahrnehmung hat sie mehr Wirklichkeit zugemessen als der Realität, die sie z. B. schon 1932 (!) gerade darum deutlicher sah und „ausdrückte“ als ihre bürgerliche Umgebung: ‚Unsere Töchter wird man verbrennen auf Scheiterhaufen‘ heißt es im Schauspiel „Arthus Aronymus und seine Väter“, 1932. Dieses Drama ist das rührendste, deutsch-bodenständige Bild jener damals beinahe gelungene Symbiose deutsch-jüdischen-christlichen Existierens – bis dies 1933 zerstückelt wurde.“[1]

„Mein blaues Klavier“ (1943) ist das Titgelgedicht ihrer letzten Sammlung. Die Momente des Traums und die Dissonanzen sind Nachklänge der Epoche des Expressionismus 1910–1925, mit dessen namhaften Repräsentanten sie engen Kontakt pflegte.

1 Manfred Seidler: Moderne Lyrik im Deutschunterricht. Frankfurt: Hirschgraben 1971, S. 17

1. Welche Zeile des Gedichts stellte eine historische Anspielung dar?
2. Welche Verse erinnern Sie an das Schwebende und zugleich an die Obsessionen (bedrükkenden Empfindungen) eines Traums?
3. Welche modernen Maler zeigen durch die Darstellung sanfter Schönheit des Traums und bedrückender Visionen eine Seelenverwandtschaft zu der Dichterin?
4. Auf welche Weise kontrastiert Lasker-Schüler Harmonie mit schrillen Dissonanzen? Die Beantwortung dieser Frage setzt eine genaue Untersuchung der einzelnen Phoneme (gesprochene Laute), der Reime, der Versendungen, des metrisch bedingten Rhythmuswechsels und des Vokabulars voraus?
5. Wofür steht das blaue Klavier, dessen „Klaviatür“ zerbrochen ist, letztlich als Symbol?
6. Weisen Sie nach, daß selbst in der letzten Strophe, die eine Bitte enthält, formal noch der Tenor der Dissonanzen durchgehalten wird.

8 GRUNDBEGRIFFE DER LYRIK

Allegorie: Das Gemeinte erscheint bildlich oder personifiziert ausgedrückt (von griech. allegorein = anders, bildlich ausdrücken), z. B. die Waage anstelle der Gerechtigkeit, Amor anstelle der Liebe. Ein abstrakter Begriff oder Gedankengang ist in der Allegorie konkretisiert worden. Der rationalen Tendenz dieses Stilmittels entspricht es, daß die Gleichsetzung zwischen Abstraktem und Konkretem ohne Umschweife vorgenommen wird, wie in der Barock-Lyrik, z. B. „Menschliches Elende" von Gryphius oder „Die Welt" von Hofmannswaldau.

Bild: Literarische Bilder werden beim Schaffensprozeß häufig durch die Realität ausgelöst, stellen danach aber eine Wirklichkeit eigener Art dar. Das Gedicht „Zwei Segel" von C. F. Meyer, das ein einziges Bild darstellt, zeigt beispielhaft, daß das dichterische Bild über das äußerlich sichtbare hinausgehend seinen Gegenstand beleben soll. Im Gegensatz zur → *Metapher* ist beim Bild entscheidend, daß die Anschaulichkeit unmittelbar und nicht durch Übertragung erzeugt wird.

Chiffre: Wie wichtig dieser Begriff insbesondere für die moderne Lyrik ist, belegt die Tatsache, daß mehrere Lyrik-Anthologien die Verse eines bekannten Gedichtes von Benn zu ihrem Motto gewählt haben:

Ein Wort, ein Satz –: Aus Chiffren steigen
erkanntes Leben, jäher Sinn,
die Sonne steht, die Sphären schweigen
und alles ballt sich zu ihm hin ...
(Benn: Ein Wort)

Zunächst dienen Chiffren als Geheimzeichen nicht dazu, Erkenntnis offenzulegen, sondern zu verschlüsseln. Die Zeilen Benns beziehen sich also auf die Anstrengung des Nachdenkens, die die Dechiffrierung erfordert.

Moderne Lyrik bedient sich aus mehreren Gründen der Verrätselung durch Chiffren: Ihre Entschlüsselung kann Sinn vermitteln. Sie schließen aber auch aus modernem Skeptizismus des Autors Gedichte gegen vorschnelle und kurzschlüssige Interpretation zur Deutung der Realität hermetisch ab. Da sie für die Autoren einen Stimmungswert haben, der nicht konventionell festgelegt ist, fordern sie dem Leser beim emotionalen Nachvollziehen hohe Konzentration ab. Diese ist auch auf rationaler Ebene erforderlich, weil die Chiffre ihre Bedeutung aus dem Kontext des Gedichtes empfängt, dessen Sinn sie ihrerseits wesentlich beeinflußt.

Metapher: Eine Metapher entsteht, indem ein Wort aus seinem ursprünglichen Bedeutungsbereich in einen anderen übertragen wird. Das Ergebnis dieses Vorgangs ist ein abgekürzter Vergleich, z. B. Augensterne, Lebensschiff, Meer des Lebens. In moderner Dichtung finden sich zunehmend mehr Metaphern, bei denen man einen Übertragungsvorgang von einem Bereich in einen anderen nicht mehr rational nachvollziehen kann. Hier handelt es sich eher um eine assoziative Setzung der Metapher aus unmittelbarer Einfühlung. Sie läßt sich exemplarisch an den Gedichten Trakls studieren, z. B. an Zeilen wie „des Wahnsinns sanfte Flügel", „ein knöchernes Grauen", „des Ölbaums blaue Stille", „mondne Kühle". Die Funktion dieser assoziativen Metaphorik besteht darin, Räume für Bedeutungen und Phantasie des Lesers zu öffnen.

Metrum: Unter einem Metrum oder Versmaß versteht man die geregelte Zahl und Abfolge betonter und unbetonter Silben. Die Metrik antiker Dichtung orientierte sich am Silbenumfang, war also silbenmessend nach Länge und Kürze. Die Verslehre deutscher Dichtung orientiert sich an der Folge von starker und schwacher Betonung bzw. von Hebung und Senkung. Sie ist silbenwägend und silbenzählend.

Das antike Metrum arbeitete mit den Zeichen – für eine lange und ⌣ für eine kurze Silbe. Das Metrum deutscher Dichtung sieht für unbetonte und betonte Silben das gleiche Zeichen vor, das im Falle einer betonten Silbe einen Akzent erhält, z. B.:

Nacht ist wie ein stilles Meer
x́ x x́ x x́ x x́

Montage: Sie ist eines der wichtigsten Stilmittel moderner Lyrik. Dabei kann sie sich gegen die gewohnten Regeln der Anordnung von Satzteilen, einzelnen Wörtern und Wortteilen richten, um durch ungewöhnliche räumliche und zeitliche Verknüpfungen Bewußtsein zu erweitern. Als Beispiel sei hier das bekannte Gedicht „Reklame“ von Ingeborg Bachmann erwähnt, in dem in die Fragen nach dem Sinn des Lebens Werbespots eingeblendet werden, die zeigen, daß die Konsumwelt eine Realität geschaffen hat, in der eben jene Fragen überspielt und verdrängt werden. Mit Wortmontagen und Versatzstücken aus Märchen parodiert Enzensberger in seinem Gedicht „Bildzeitung“ die Zerstörung des Bewußtseins der Leser dieses Blattes durch Vermischung disparater Inhalte und durch eine die Realität verzerrende Traumwelt.

Motiv: (von lat. movere = in Bewegung bringen) Das Motiv in der Lyrik, soweit sie sich nicht politisch versteht, ist meistens eine bedeutende Situation, die den Schaffensprozeß des Autors auslöst. Solche Motive sind z. B. die Flüchtigkeit und Vergänglichkeit der Zeit, die Sehnsucht nach einem Ideal oder nach einem Menschen, die Wirkung der Tages- und Jahreszeiten auf den Menschen, beglückende und traurig machende Situationen, etwa Liebe, Vereinigung mit dem Göttlichen, Schönheit von Dingen und der Natur, Abschied, Verlust eines Ideals oder der Heimat, Nachdenken provozierende Ereignisse/Augenblicke, z. B. der Tod eines geliebten Menschen, die Frage nach dem Sein und Sinn menschlicher Handlungen und Schicksale sowie von Naturerscheinungen.

Anders stellen sich Motive der politischen Lyrik dar, je nachdem, ob sie im weitesten Sinne Herrschaft und Zustände stabilisieren oder in Frage stellen wollen. So können z. B. Huldigung an Vaterland, Nation und Partei, Lobpreis bestimmter Personen und Ideen, wie z. B. Expansion der Macht, oder bestimmte zu verändernde Zustände bzw. die Veränderung selbst das Motiv bilden. Beispiele sind die kritische Auseinandersetzung mit Krieg, mit Standesprivilegien und Klassengegensätzen, mit der Teilung des (Vater-)Landes, mit den Medien, mit der Verfassung einer Gesellschaft oder mit der Verdrängung von Lehren aus der Geschichte.

Es ist nicht leicht, das Motiv vom Thema abzugrenzen. Es gibt Gedichte, bei denen Thema und Motiv zusammenfallen, in unserer Auswahl z. B. „Sehnsucht“ von Eichendorff, „Einsamer nie als im August“ von Benn, „Schlechte Zeit für Lyrik“ von Brecht, „Sozialistischer Biedermeier“ von Bartsch. Bei anderen Versen lassen sie sich deutlich voneinander scheiden. So ist z. B. „Nänie“ von Schiller das Thema, die Vergänglichkeit der Schönheit das Motiv, „Auf eine Lampe“ von Mörike das Thema, die Beschreibung der Schönheit das Motiv, „Nachtgedanken“ von Heine das Thema, der Trennungsschmerz das Motiv, „Ins Lesebuch für die Oberstufe“ von Enzensberger das Thema, die Aufforderung zur politischen Wachsamkeit das Motiv, „Am letzten Tage des Jahres“ von der Droste das Thema, Schuldgefühle und Hoffnung auf göttliche Gnade das Motiv.

Aus den Beispielen, die eine Unterscheidung beider Begriffe erlauben, geht hervor, daß das Thema eher den äußeren Anlaß bzw. eine äußere Situation, das Motiv hingegen ein den Autor beherrschendes Gefühl oder eine Erkenntnis (oft in der politischen Lyrik) bezeichnet.

So könnte man beispielsweise das Thema *Zeit* in folgende Motive zerlegen:

Vergänglichkeit Gryphius: Es ist alles eitel, S. 17 Schiller: Nänie, S. 27 Rilke: Herbst, S. 113	**Flüchtigkeit des Augenblicks** Goethe: Willkommen und Abschied, S. 22 Droste-Hülshoff: Das Spiegelbild, S. 34 Eich: Augenblick im Juni, S. 54	**Tod** Flemming: Bey einer Leichen, S. 16 Schiller: Nänie, S. 27 Trakl: Grodek, S. 46
Abschied Goethe: Willkommen und Abschied, S. 22 Rilke: Sei allem Abschied voran, S. 43	**Gedenken und Erinnerung** Klopstock: Die frühen Gräber, S. 20 Brentano: Der Spinnerin Nachtlied, S. 64 Mörike: Im Frühling, S. 32	**Jahreszeiten** Storm: Oktoberlied, S. 38 George: Nach der Lese, S. 41 Rilke: Herbst, S. 113 Huchel: Winterpsalm, S. 52 Mörike: Im Frühling, S. 32 Hagedorn: Der Mai, S. 66 Goethe: Mailied, S. 70 Benn: Einsamer nie –, S. 47

Reim: Die Geschichte und die Formen des Reims sind so komplex, daß wir uns in diesem Zusammenhang nur auf den Endreim einlassen wollen. Man versteht darunter den Gleichklang von Wörtern vom letzten betonten Vokal ab, jedoch ohne die davor stehende Konsonanz.

Die Funktion des Endreims besteht darin, Sprecheinheiten inhaltlich zu binden (Echo des Gedankens) und sie für das ästhetische Mitempfinden eingängig zu machen. Deshalb wird die Lyrik, die den Endreim vorzugsweise benutzt, auch als „gebundene Rede" bezeichnet.

Vereinzelt begegnet der Endreim zuerst um 870 in der Evangelienharmonie des Otfried von Weißenburg, wo er den germanischen Stabreim ablöst. Im 17. Jahrhundert hatte Opitz das Wort ‚Vers' eingeführt. Davor hatte der Begriff ‚Reim' Verszeile bedeutet, während der Endreim ‚bunt' hieß. Nach Opitz konnte die Bezeichnung ‚Reim' im Sinne von Endreim verwendet werden.

Die Geschichte des Endreims wird von Ablehnung und engagierter Befürwortung bestimmt. Klopstock sowie die Stürmer und Dränger opponierten gegen den Reim, den sie als Wortgeklingel empfanden. Goethe handhabte souverän sowohl die reimlosen Freien Rhythmen als auch den Endreim. Dieser stand bei den Romantikern (Sprachmagie) in hohem Ansehen. Sie gaben jedoch durch häufige Benutzung derselben Reime, z. B. Baum und Traum bei Eichendorff, der späteren Kritik des Naturalismus und des Expressionismus an der Reimabnutzung Nahrung. 1898 schrieb Arno Holz: „Der Erste, der – vor Jahrhunderten – auf Sonne Wonne reimte, auf Herz Schmerz und auf Brust Lust, war ein Genie; der Tausendste ... ein Kretin. Brauche ich denselben Reim, den vor mir schon ein anderer gebraucht hat, so streife ich in neun Fällen von zehn denselben Gedanken."[1] Dieses kritische Mißtrauen führte in der modernen Lyrik des 20. Jahrhunderts eher zu einer Ablehnung des Reims, der als zu harmonisch empfunden wurde und auf eingefahrene Denkbahnen zu verleiten schien. Jedoch hatte schon Heinrich Heine gezeigt, wie man den Reim zu ironischer Distanz nutzen kann:

Das Fräulein stand am Meere
Und seufzte lang und bang
Es rührte sie so sehre
Der Sonnenuntergang.

1 In: Walter Urbanek: lyrische signaturen, a.a.O., S. 464

In dieser Tradition steht z. B. in unserer Sammlung das Gedicht „Sozialistischer Biedermeier“ von Kurt Bartsch. Auch zahlreiche Gedichte Benns mit Endreim zeigen, daß die Reimwörter darüber entscheiden, ob sich ein Gedicht durch den Reim entleert oder gerade an Prägnanz gewinnt.

Im folgenden sollen die wichtigsten Reimformen am Versende dargestellt werden, die in unserer Auswahl begegnen:

1. Reimpaar oder Paarreim: Zwei aufeinander folgende Verszeilen reimen nach dem Muster: aa, bb, cc, dd.

   Denk ich an Deutschland in der Nacht,
   Dann bin ich um den Schlaf gebracht.
   (H. Heine: Nachtgedanken)

2. Kreuzreim: In Strophen mit 4 Zeilen reimen die 1. und 3., die 2. und 4. Zeile miteinander: ab ab cd cd usw. Diese Reimform ist in Volksliedern und in der volkstümlichen Lyrik des 19. Jahrhunderts häufig anzutreffen. Herwegh nutzt sie zur Parodie.

   Deutschland auf weichem Pfühle
   Mach dir den Kopf nicht schwer
   Im irdischen Gewühle
   Schlafe, was willst Du mehr?
   (G. Herwegh: Wiegenlied)

3. Umarmender Reim: In einer Strophe mit 4 Zeilen reimen die 1. und 4. sowie die 2. und 3. Zeile miteinander: abba, cddc, effe usw.

   Du siehst, wohin du siehst, nur Eitelkeit auf Erden.
   Was dieser heute baut, reißt jener morgen ein,
   Wo itzund Städte stehn, wird eine Wiese sein,
   Auf der ein Schäferskind wird spielen mit den Herden.
   (A. Gryphius: Es ist alles eitel)

Diese Reimform begegnet auch in anderen Sonetten.

4. Schweifreim: In einer Strophe von 6 Zeilen reimen die 3. und 6. Zeile; die 1. und 2. sowie die 4. und 5. Zeile bilden Reimpaare.

   Hier lieg ich auf dem Frühlingshügel:
   Die Wolke wird mein Flügel,
   Ein Vogel fliegt mir voraus,
   Ach, sag mir, alleinzige Liebe,
   Wo du bliebst, daß ich bei dir bliebe!
   Doch du und die Lüfte, ihr habt kein Haus.
   (E. Mörike: Im Frühling)

Nach der Art und Zahl der gebundenen Silben lassen sich vor allem folgende Reimformen unterscheiden:

1. Reine Reime: Sie erfordern Gleichklang der Vokale und Schlußkonsonanten vom letzten betonten Vokal ab.
2. Unreine Reime: Der Gleichklang der Vokale oder Schlußkonsonanten ist ungenau oder unvollständig. Meistens kommen unreine Reime durch Unachtsamkeit zustande; es gibt aber auch bewußt gesuchte Ausnahmen, so z. B. in dem Dezember-Gedicht von Jürgen Becker: ‚Jahr – etcetera‘ oder in dem Gedicht „Mein blaues Klavier“ von E. Lasker-Schüler: ‚vier – Geklirr‘.
3. Rührende Reime: Sie finden sich in phonetisch gleichlautenden, aber bedeutungsverschiedenen Wörtern, z. B. Rain – rein.

4. Identische Reime: Sie bedienen sich phonetisch und semantisch (bedeutungsmäßig) übereinstimmender Wörter. Eine Strophe aus Novalis „Lied der Toten“ zeigt, daß auch diese Reimform absichtlich gewählt sein kann:

Uns ward erst die Liebe Leben;
Innig wie die Elemente
Mischen wir des Daseins Fluten,
Brausend Herz mit Herz.
Lüstern scheiden sich die Fluten,
Denn im Kampf der Elemente
Ist der Liebe höchstes Leben,
Und des Herzens eignes Herz.

Schließlich unterscheiden wir noch männliche oder weibliche Reime je nach Silbenschluß. Die männlichen oder stumpfen Reime sind einsilbig:

starr – Narr, kalt – halt, Ton – Hohn

die weiblichen oder klingenden zweisilbig:

rauschen – lauschen, Ferne – gerne.

In zahlreichen Gedichten wirkt die Aussage durch die Wahl männlicher Reime herber, spröder, härter, durch weibliche Reime weicher und gelöster. Aber ähnlich wie bei der Ausdeutung von Lautkombinationen ist hier Vorsicht angebracht, weil der beschriebene Effekt im Kontext aller poetischen Mittel nicht eintreten muß.

Rhythmus: Der Begriff Rhythmus ist nur im Zusammenhang mit → *Metrum* verständlich. Während das zählbare und meßbare metrische Schema regelmäßig abläuft, kehren die herausgehobenen rhythmischen Einheiten (Kola) im Vers nur in annähernd gleichen Abständen wieder. Beim Hören überlagert der Rhythmus das Metrum. „Das metrische Schema gleicht einem Kanevas, der bei der vollendeten Stickerei nicht mehr zu sehen ist, aber Richtung, Struktur und Dicke der Fäden beeinflußt hat.“[2]

Den Zeilenpaaren

Annchen von Tharau ist', die mir gefällt;
Sie ist mein Leben, mein Gut und mein Geld.

(unbek. Verfasser)

und

Der Nachtigall reizende Lieder
Ertönen und locken schon wieder.

(F. von Hagedorn: Der Mai)

liegt durchgehend ein daktylisches Metrum zugrunde. Dessen ungeachtet vermittelt der getragene Rhythmus des ersten und der tänzerische des zweiten Liedes eine ganz andere Wirkung. Das metrische Schema wird also erst durch den Rhythmus lebendig und beseelt. Deshalb wird auch die Bezeichnung ‚Innerer Rhythmus‘ verwendet (Urbanek). Die rhythmischen Einheiten (Kola) decken sich also oft nicht mit den Takten des Metrums. Aus dem Widerspiel entsteht ein ästhetischer Reiz. Fallen die Hebungen und Senkungen, metrischen und rhythmischen Einheiten beim Sprechen zusammen, so wirken die Verse monoton.

Durch unterschiedliche Tonstärke und Tonhöhe, durch Pausen und Tempuswechsel wird die Materie der Laute rhythmisch gegliedert. Eine Definition von Rhythmus enthält mindestens dessen Gliederung in der Zeit, die Wiederkehr seiner Einheiten in annähernd gleichen Abständen und deren sinnliche Faßbarkeit.[3]

2 Kayser: Das sprachliche Kunstwerk, a.a.O., S. 242
3 Vgl. Kayser: Das sprachliche Kunstwerk, a.a.O., S. 245 ff.

Strophenformen: Eine Strophe besteht aus mehreren Versen, die entweder das gleiche metrische Schema (isometrisch) oder verschiedene Metren (heterometrisch) enthalten. Zur Ordnung der Strophe können Reime beitragen.

Der Begriff geht auf das griechische Wort strephein = wenden zurück; der Chorgesang in der griechischen Tragödie war durch Wendungen des Chors gegliedert.

Die reimlosen griechischen Oden stellen die ersten Strophenformen dar. Die für die Benutzer dieses Bandes wichtige Entwicklung im deutschen Sprachraum ging über die bereits ausgefeilten Strophenformen des Minnesangs (12.–14. Jahrhundert), die Volksliedstrophe mit Höhepunkten im 14., 15. und 16. Jahrhundert sowie in der Romantik, die vielstrophigen Gedichte des Barock (1600–1720) und die Dichtungen der italienischen Renaissance. Durch diese wurden im 17., 18. und 19. Jahrhundert die Strophenformen der Terzine, der Stanze und des Sonetts in den deutschen Sprachraum eingeführt.[4]

Die Zeit des Sturm und Drang (1767–1785), in der nach Klopstock das Gedicht frei aus der schaffenden Seele taumeln sollte, schuf sich die Freien Rhythmen, um den freien Ausdruck des Gefühls nicht an Versmaße und Reime binden zu müssen. „Dichter wie Publikum der Gegenwart wollen der Strophe nicht mehr solche Festigkeit zuerkennen, wie es in früheren Zeiten geschah. Sie soll nicht mehr als eigenwertiger Baustein in die Erscheinung treten, sondern sich möglichst fugenlos der Gesamtbewegung unterordnen.“[5]

Im folgenden beschränken wir uns auf die strengen Strophenformen, vornehmlich auf jene, die in dieser Auswahl eine Rolle spielen.

1. Die Volksliedstrophe: Sie besteht meistens aus 4 Zeilen, die entweder 4 oder 3 Takte oder abwechselnd 3 und 4 Takte enthalten. Die männlichen und weiblichen Versschlüsse alternieren. Das Metrum wird nicht immer korrekt durchgehalten. Reim und Rhythmus sind einfach. Außer den Strophen mit 4 Zeilen gibt es noch solche mit 6, 7, 8 und 9 Zeilen, die später vorzugsweise von Kirchenlieddichtern verwendet wurden.
   Das Volkslied hatte seine Blütezeit vom 14.–16. Jahrhundert. Sein Entdecker war Herder, für den der „wahre Ausdruck der Empfindungen und der ganzen Seele“ entscheidender war als seine Herkunft aus dem Volke. Deshalb hat er auch Kunstlieder in seine Sammlung „Stimmen der Völker in Liedern“ aufgenommen. Eine andere bedeutende Sammlung ist „Des Knaben Wunderhorn“, mit der die Romantiker Brentano und Arnim zur allgemeinen Verbreitung des Volksliedes beitrugen. Manche Lieder der Romantiker, z. B. von Eichendorff „In einem kühlen Grunde“ und von Müller „Am Brunnen vor dem Tore“, fanden einen solchen Anklang, daß sie heute als echte Volkslieder empfunden werden. Zu Beginn des 20. Jahrhunderts erlebte das Volkslied durch die Wandervogelbewegung eine Renaissance. Heinrich Heine und in der Gegenwart Wolf Biermann haben die Volksliedstrophen auch mit ironischem Inhalt gefüllt und die eingängige Form zur politischen Lyrik genutzt.
2. Die Terzine: (von ital. terzina = dreiteiliger Vers) Es handelt sich um eine dreizeilige Strophe meistens mit jambischen Fünftaktern nach dem Schema a b a / b c b / c d c / usw. In beliebig weitgehender Fortsetzung wird dabei der umschlungene Vers des ersten Terzetts zum umschlingenden des zweiten. Die Terzine endet mit einem Quartett, das einen Kreuzreim enthält, indem der mittlere Vers des letzten Terzetts sich mit dem Schlußvers reimt. Es gibt auch die Abwandlung, daß die beiden letzten Verse reimen, z. B. bei Hofmannsthal „Terzinen über Vergänglichkeit“. Die Terzine ist in der italienischen Renaissance entstanden und wurde in der Romantik besonders durch Chamisso verwendet.
3. Die Stanze: (von ital. stanza = Zimmer, Reimgebäude, Strophe) Die achtzeilige Stanze mit dem Reimschema ab ab ab cc (b mit männlichem Versschluß, die anderen mit weiblichem) wird von Wolfgang Kayser „eine Fürstin unter den Strophenformen“[6] genannt. Sie besteht aus zwei Terzinen mit abschließendem Paarreim, jede einzelne Zeile mit fünffüßigen Jamben.

4 Vgl. Bantel/Schaefer: Grundbegriffe der Literatur, a.a.O., S. 106
5 Kayser: Kleine deutsche Versschule, a.a.O., S. 37

In der deutschen Dichtung wurde die Stanze besonders von Wieland und Goethe meisterhaft gehandhabt.

4. Das Sonett: (von ital. sonare = klingen) Das Sonett mit seinen 14 Zeilen zählt zu den strengsten Gedichtformen und eignet sich vorzüglich zur Gedankenlyrik. Es besteht aus zwei vierzeiligen Quartetten und zwei dreizeiligen Terzetten. Die Quartette reimen abba/abba, die Terzette cdc/dcd, enthalten aber auch andere Kombinationen, wie z. B. cdc/cdd oder cdc/ddc. Die starke Zäsur zwischen den Quartetten und den Terzetten ermöglicht verschiedene inhaltliche Varianten: Satz und Gegensatz, Frage und Antwort, Problem und Lösung.

   Das Sonett wurde im 16. Jahrhundert aus der romanischen Lyrik in die deutschsprachige übernommen. Es stand im Barock in hohem Ansehen, dessen antithetischer Weltsicht es entgegenkam, verschwand im 18. Jahrhundert und wurde von den Romantikern und Symbolisten neu belebt. Zu seinen großen Meistern gehören Petrarca, Shakespeare, Opitz, Fleming, Gryphius, Hofmannswaldau, Platen und Rilke.

5. Die Ode: (von griech. odé = Gesang, Lied, Gedicht) Die Ode umfaßt verschiedene vierzeilige Strophenformen, unter denen elfsilbige Zeilen mit genau festgelegten Versfüßen vorherrschen. Das strenge Versmaß veranlaßt zum getragenen Sprechen; es eignet sich zum Ausdruck von Erhabenem, Feierlichem, Bedeutungsvollem. Die Ode setzt eine ganzheitliche Weltsicht voraus, in der Gott/Götter, Mensch und Natur eng aufeinander verwiesen sind.

   Wir beschränken uns auf die drei bekanntesten aus der griechischen Antike stammenden Strophenformen.

a) Die Sapphische Ode hat ihren Namen von der griechischen Dichterin Sappho auf Lesbos, um 600 v. Chr.

x́ x / x́ x / x́ x x / x́ x / x́ x	Vor dem Abwurf. Noch auf dem Lederhandschuh
x́ x / x́ x / x́ x x / x́ x / x́ x	Sitzt der Falke, träumend. Der Schein von Blitzen
x́ x / x́ x / x́ x x / x́ x / x́ x	Wetterleuchtet durch sein Gemüt. Er zittert.
x́ x x / x́ x	Gern sieht's der Jäger.

(Britting: Die Jäger)

Alle Versausgänge sind weiblich, während die Verseingänge auftaktlos entschieden beginnen.

b) Die Alkäische Ode geht auf den griechischen Dichter Alkaios um 600 v. Chr. zurück.

x x́ x / x́ x / x́ x x / x́ x / x́	Nur einen Sommer gönnt, ihr Gewaltigen!
x x́ x / x́ x / x́ x x / x́ x / x́	Und einen Herbst zu reifem Gesange mir,
x / x́ x / x́ x / x́ x / x́ x	Daß williger mein Herz, vom süßem
x́ x x / x́ x x / x́ x / x́ x	Spiele gesättiget, dann mir sterbe!

(Hölderlin: An die Parzen)

Durch den Auftakt der ersten drei Zeilen wird das Versmaß vom Trochäus bestimmt. Da die zwei letzten Verse weiblich ausklingen, wirkt der Rhythmus fallend.

c) Die Asklepiadeische Ode wurde nach dem griechischen Dichter Asklepiadeus aus Samos um 270 v. Chr. benannt.

x́ x / x́ x x / x́ / / x́ x x / x́ x / x́	Schön ist, Mutter Natur, deiner Erfindung Pracht,
x́ x / x́ x x / x́ / / x́ x x / x́ x / x́	auf die Fluren verstreut, schöner ein froh Gesicht,
x́ x / x́ x x / x́ x	Das den großen Gedanken
x́ x / x́ x x / x́ x / x́	Deiner Schöpfung noch einmal denkt.

(Klopstock: Der Zürchersee)

Das Metrum wird bestimmt durch die Mittelzäsur der ersten beiden Zeilen, durch den Wechsel von Trochäen und Daktylen, durch den Trochäus am Eingang aller vier Zeilen und durch den männlichen Versausgang in drei Zeilen. Dadurch erhält die Strophe eine feste Form, die in ihrem Inneren durch die Daktylen belebt wird.

6 Kleine deutsche Versschule, a.a.O., S. 46

Zu den Formkünstlern der Oden gehören im deutschen Sprachraum vor allem Klopstock, Hölderlin, Platen, R. A. Schröder, Werfel und Weinheber.

6. Die Hymne: (von griech. hymnos = Lobgesang) Sie ist von ihrer metrischen Form her nicht genau zu bestimmen und nicht exakt gegen die Ode abzugrenzen. In ihren Anfängen war sie ein feierlicher Lobgesang zu Ehren eines Gottes, eines Helden oder eines Siegers im sportlichen Wettkampf (Pindar).
Die liturgischen lateinischen Hymnen stellen einen Sonderfall dar, weil sie strophisch gegliedert sind und den Endreim verwenden.
Die Geschichte der deutschen Hymne erreicht einen ersten Höhepunkt mit den Freien Rhythmen Klopstocks. Seine Themen erwuchsen aus der Begeisterung für den Schöpfer, das Vaterland und die Natur. Den nächsten Gipfel erreicht Goethe ebenfalls mit dem kühnen Schwung Freier Rhythmen, z. B. in „Wandrers Nachtlied", „Schwager Kronos", „Ganymed", „Prometheus" u. a. Nach Novalis' „Hymnen an die Nacht" erleben die deutschen Preisgedichte ihre vielleicht höchste Steigerung in Hölderlins späten Hymnen mit den berühmten Titeln: „Wie wenn am Feiertage", „Friedensfeier", „Der Rhein", „Der Einzige", „Patmos".
Nietzsche setzte einen Akzent mit seinen Dionysos-Dithyramben. Danach nahm die Hymne erst wieder einen Aufschwung im Expressionismus.
7. Die Elegie: (von griech. elegeia = lyrisch-episches, in Distichen abgefaßtes Gedicht) Unter einem Distichon versteht man ein Versmaß, das aus einem sechsfüßigen daktylischen Hexameter und einem fünffüßigen daktylischen Pentameter besteht.
Der Begriff Elegie ist doppeldeutig, je nachdem, ob er auf das Versmaß oder auf die inhaltliche Füllung bezogen wird. Goethes „Römische Elegien" z. B. tragen vom Metrum her ihren Namen zu Recht, vom Inhalt her sind sie als Idyllen zu bezeichnen.
Die engste Definition der Elegie ist Trauer- oder Klagegedicht. Anders als die „Römischen Elegien" wird Goethes „Marienbader Elegie" dieser inhaltlichen Definition gerecht, weist aber nicht das klassische elegische Versmaß auf.
Schon seit ihrem Ursprung im ionischen Kleinasien ist die Elegie keineswegs nur von Melancholie, Resignation und Trauer geprägt. Das bezeugen die Kriegslieder des Tyrtaios, die erotischen Elegien des Mimnermos und die Staatselegien des Solon. In ihrer langen Geschichte wurde die Elegie aber vorwiegend von unerfüllter Sehnsucht, Verzicht und Klage bestimmt.
Nach der Empfindsamkeit ist es in der deutschen Literatur die Klassik, die die Elegie zu ihrer ersten großen Blüte treibt. Schiller bemühte sich in dem Aufsatz „Über naive und sentimentalische Dichtung" auch um eine theoretische Definition und grenzte sie gegen die Idylle und die Satire ab. Nach ihm beklagt die Elegie den Widerspruch zwischen Ideal und Leben, der wegen der Ferne des Ideals nicht überwunden werden kann. Auch bei Schiller wird deutlich, daß das Versmaß der Elegie zwischen Reimstrophen, z. B. in „Die Götter Griechenlands", „Das Ideal und das Leben" und den klassischen Distichen wechseln kann, z. B. in „Der Spaziergang" und „Nänie".
Nach Hölderlin, Platen, Lenau, Heine und Mörike erreicht die Elegie wieder einen Höhepunkt in Rilkes „Duineser Elegien". „Benns nahezu gesamtes Werk trägt wie dasjenige der meisten Gegenwartslyriker (Krolow, Eich, Bachmann, Busta, Piontek), dem Zeiterlebnis entsprechend, elegischen Charakter."[7]

Symbol: Ein Symbol ist ein Zeichen, ein Sinnbild, das über sich selbst hinaus auf etwas Allgemeineres, Umfassenderes, Höheres hinweist. Traditionelle Symbole sind das Kreuz als Zeichen für das Leiden Jesu Christi, der Ring als Zeichen der Treue, die Taube als Sinnbild des Friedens, das Wasser als Symbol des Lebens.

7 Urbanek, lyrische signaturen, a.a.O., S. 500

Das Wort Symbol geht auf das griechische Verb symballein = zusammenhalten, vergleichen, schließen, erraten zurück. Kulturhistorisch handelte es sich damals um die zwei Hälften eines vor einer Trennung bewußt zerbrochenen Gegenstandes, die man später als Erkennungszeichen zusammenfügen konnte.

Zur Zeit der Klassik gewann die Symbolik durch Goethe besondere Bedeutung: „Die Symbolik verwandelt die Erscheinung in Idee, die Idee in ein Bild, und so, daß die Idee im Bild immer unendlich wirksam und unerreichbar bleibt, und, selbst in allen Sprachen ausgesprochen, doch unaussprechlich bliebe." („Maximen und Reflexionen")

Im Laufe der Epochen hat der Begriff entsprechend den jeweiligen Wertschätzungen eine Wandlung erfahren. Im Mittelalter z. B. bezogen sich Symbole vor allem auf die göttliche Weltordnung, im Barock beispielsweise auf die Spannung von Diesseits und Jenseits, in der Romantik häufig auf eine mystische Verbindung der Dinge untereinander sowie auf Entgrenzung der menschlichen Seele. Die Sehnsucht der Moderne nach einer Synthese von Rationalem und Irrationalem, die in der Industriegesellschaft zunehmend verloren ging, spiegelt sich z. B. darin, daß etwas Profanes wie ein Salatkopf zum Symbol werden kann, weil bei dieser Pflanze das Herz im Kopf steckt.

Träger von Symbolen können Einzelpersonen (z. B. der graue Herr in Chamissos „Peter Schlemihl"), Tiere (z. B. Boccaccios Falke), Dinge, z. B. eine Fahne, sowie einzelne Wörter sein, die in einem bestimmten Kontext symbolische Bedeutung erhalten.

In der Lyrik spielen Symbole eine so große Rolle, daß sich Gedichte ausschließlich mit ihrer Bedeutung befassen, z. B. die Verse von J. C. Günther „Als er der Phyllis einen Ring mit einem Totenkopf überreichte", oder daß sie selber ganz und gar zum Symbol geworden sind. So hat sich in dem Gedicht Brentanos „Was reif in diesen Zeilen steht" die romantische Sicht von der geheimen Verwandtschaft aller Dinge untereinander symbolisch verdichtet.

Versfüße: Sie sind metrische Einheiten, die den Vers gliedern. Ein Versfuß besteht nach der antiken quantitierenden Metrik → *Metrum* aus kurzen und langen Silben, nach der deutschen akzentuierenden Metrik aus unbetonten und betonten Silben. Wir konzentrieren uns auf die vier wesentlichen Versfüße: 1. den Jambus, 2. den Trochäus, 3. den Daktylus, 4. den Anapäst.

1. Der Jambus setzt sich aus einer unbetonten und einer betonten Silbe zusammen: ◡ – oder x x́, z. B. Gesang, geliebt, vergeht.
   Die Jamben wirken lebhaft, dynamisch, schmiegsam. (Verallgemeinerungen über die Wirkung von Versfüßen enthalten allerdings viele Ausnahmen.)

   ◡ – ◡ – ◡ – ◡ – ◡
   Es schlug, mein Herz, geschwind zu Pferde
   (Goethe: Willkommen und Abschied)

   Einige jambische Versfüße sind für die Lyrik wesentlich, z. B.
   - der vierfüßige gereimte Jambus. Er wird vorzugsweise in schwankhaften Gedichten und Balladen verwendet;
   - der sechsfüßige Jambus mit einer Mittelzäsur (Diärese) nach dem dritten Versfuß (Alexandriner). Er war im Barock beliebt, weil er sich für die antithetische Aussage des polaren Weltbildes eignete;
   - der Choriambus mit einer zusätzlichen Senkung am Versende eignet sich für Spottverse.
2. Der Trochäus besteht aus einer betonten und einer unbetonten Silbe: – ◡ oder x́ x, z. B. Segen, lieben, fahren.
   Trochäen werden häufig als gemäßigt, getragen empfunden und eignen sich für eine fallende Bewegung.

   ´ ◡ – ◡ – ◡ – ◡
   Tiefe Stille herscht im Wasser
   – ◡ – ◡ – ◡ –
   Ohne Regung ruht das Meer
   (Goethe: Meeresstille)

3. Der Daktylus ist durch eine betonte und zwei unbetonte Silben definiert: – ◡◡ oder x́ x x, z. B. fröhliche, lachende, fleißigen. Dieser Versfuß kann lebhaft und beschwingt wirken und gleicht dem Dreivierteltakt in der Musik.

   Der Nachtigall reizende Lieder
   Ertönen und locken schon wieder
   (von Hagedorn: Der Mai)

   Er kann aber auch ernst und feierlich anmuten wie in dem folgenden Beispiel mit Auftakt:

   Wir Toten, wir Toten sind größere Heere
   Als ihr auf der Erde, als ihr auf dem Meere.
   (Meyer: Chor der Toten)

4. Der Anapäst umfaßt zwei unbetonte und eine betonte Silbe: ◡ ◡ – oder x x x́, z. B. Harmonie, Anapäst, Vagabund. Seine belebende Wirkung gleicht der des Daktylus.

   Unbeirrbar wie Wasser
   Unabwendbar wie Licht
   (Piontek: Lauingen an der Donau)

Versgliederung: Sie stellt eine Sinngrenze dar und bietet außer den Versfüßen eine zusätzliche rhythmische Belebung.

1. Die Zäsur (Schnitt/Einschnitt): Sie gliedert den regelmäßig ablaufenden Takt eines Metrums und zerschneidet einen Versfuß.

   Verlorenes Ich / zersprengt von Stratosphären
   (Benn: Verlorenes Ich)

2. Die Diärese: Das Ende des Versfußes und das Wortende fallen zusammen.

   Du siehst, wohin du siehst / nur Eitelkeit auf Erden.
   (Gryphius: Es ist alles eitel)

3. Vollständige (akatalektische) Verse: Vers und Versfuß schließen an derselben Stelle.

   Alte Plätze sonnig schweigen
   (Trakl: Die schöne Stadt)

   Der Trochäus schwingt am Versende aus.

4. Unvollständige (katalektische) Verse: Dem letzten Versfuß fehlt eine unbetonte Silbe (Senkung).

   Schwarze Milch der Frühe, wir trinken sie abends
   wir trinken sie mittags und morgens wir trinken sie nachts.
   (Celan: Todesfuge)

   Der abschließende Daktylus des ersten Verses ist am Versende ‚abends' unvollständig.

9 VERZEICHNIS DER SEKUNDÄRLITERATUR

Bantel, Otto/Schaefer, Dieter: Grundbegriffe der Literatur. Frankfurt: Hirschgraben, [11]1984

Bona, Kurt: Altdeutsches Lesebuch. Frankfurt: Diesterweg [10]1968

Binder, Alwin/Scholle, Dietrich: Ça ira. Deutsche politische Lyrik vom Mittelalter bis zum Vormärz. Frankfurt: Hirschgraben, Teil I: Unterrichtsmodelle und Analysen [1]1978, Teil II: Text und Arbeitsbuch [1]1980

Braak, Ivo: Poetik in Stichworten. Literaturwissenschaftliche Grundbegriffe. Kiel: Hirt, [3]1969

de Boor, Helmut: Dichter des Minnesangs. – In: Benno von Wiese (Hrsg.): Die deutsche Lyrik, Bd. I, Düsseldorf: Bagel [1]1959, S. 25ff.

Domin, Hilde (Hrsg.): Doppelinterpretationen. Das zeitgenössische deutsche Gedicht zwischen Autor und Leser. Frankfurt: Athenäum [2]1966

Enzensberger, Hans Magnus: Poesie und Politik. – In: ders.: Einzelheiten, Bd. 2, Frankfurt: Suhrkamp 1962

Esselborn, Hans: Die gespiegelte Welt. Zu Holz' „Im Thiergarten". – In: Harald Hartung (Hrsg.): Gedichte und Interpretationen, Bd. 5. Stuttgart: Reclam S. 81ff.

Fingerhut, Karl-Heinz/Hopster, Norbert: Politische Lyrik. Frankfurt: Diesterweg [1]1972

Frenzel, Herbert, A. und Elisabeth: Daten deutscher Dichtung. Abriß der deutschen Literaturgeschichte, 2 Bde. München: dtv 1962

Geerdts, Hans, J. (Hrsg.): Deutsche Literaturgeschichte in einem Band. Berlin: Volk und Wissen 1968

Hartung, Harald: vielleicht – Eine Konstellation Eugen Gomringers. – In: ders. (Hrsg.): Gedichte und Interpretationen. Gegenwart. Bd. 6. Stuttgart: Reclam 1982, S. 151f.

Heselhaus, Clemens: Interpretation von Droste-Hülshoff: „Das Spiegelbild". – In: Benno von Wiese (Hrsg.): Die deutsche Lyrik Bd. II. Düsseldorf: Bagel 1959, S. 168ff.

Heselhaus, Clemens: Interpretationen von Droste-Hülshoff „Am letzten Tage des Jahres (Silvester)". – In: Benno von Wiese (Hrsg.): Die deutsche Lyrik, Bd. II, a.a.O., S. 159ff.

Höllerer, Walter: Interpretation von Keller „Die Zeit geht nicht". – In: Benno von Wiese (Hrsg.): Die deutsche Lyrik, Bd. II. Düsseldorf: Bagel 1959, S. 201ff.

Höllerer, Walter: Interpretation von Trakl „Grodek". – In: Benno von Wiese (Hrsg.): Die deutsche Lyrik, Bd. II, a.a.O., S. 419ff.

Hoffmann, Friedrich G./Rösch: Grundlagen, Stile, Gestalten der deutschen Literatur. Frankfurt: Hirschgraben, [9]1984

Kayser, Wolfgang: Das sprachliche Kunstwerk. Bern: Francke [9]1963

Kayser, Wolfgang: Kleine deutsche Versschule. München: Dalp (TB 306) [6]1958

Klussmann, Paul, Gerhard: Interpretation von George „Wir schreiten auf und ab im reichen Flitter." – In: Benno von Wiese (Hrsg.): Die deutsche Lyrik, Bd. II. Düsseldorf: Bagel 1959, S. 268ff.

Kopplin, Wolfgang: Beispiele. Deutsche Lyrik ‚60–70'. Paderborn: Schöningh 1969

Martini, Fritz: Deutsche Literaturgeschichte von den Anfängen bis zur Gegenwart. Stuttgart: Kröner [10]1960

Mittelberg, Ekkehart: Methoden- und Rezeptionswandel der Literaturwissenschaft am Beispiel der Sesenheimer Lyrik Goethes. Klett: Stuttgart 1976

Müller, Hartmut: Formen moderner deutscher Lyrik. Paderborn: Schöningh [3]1978

Mukarovsky, Jan: Kapitel aus der Poetik. Frankfurt/M.: Suhrkamp 1967 (es 230)

Rückert, Gerhard: Experimentelle Lyrik – Konkrete Poesie. – In: Gerhard Köpf (Hrsg.): Neun Kapitel Lyrik. Paderborn: Schöningh 1984, S. 179ff.

Rühmkorff, Peter: Das Gedicht als Lügendetektor. – In: Tintenfisch 1. Jahrbuch für Literatur. Berlin: Wagenbach 1968, S. 18ff.

Scherr, Johannes: Deutsche Kultur- und Sittengeschichte. Leipzig [5]1873

Schöne, Albrecht: Interpretation von Brentano „Abendständchen" (Hör, es klagt die Flöte wieder). – In: Benno von Wiese (Hrsg.): Die deutsche Lyrik, Bd. II. Düsseldorf: Bagel 1959, S. 11ff.

Seidler, Manfred: Moderne Lyrik im Deutschunterricht. Frankfurt: Hirschgraben [4]1971

Sprengel, Peter: Orphische Dialektik. Zu Rilkes Sonett „Sei allem Abschied voran". – In: Harald Hartung (Hrsg.): Gedichte und Interpretationen, Bd. 5. Stuttgart: Reclam, S. 245ff.

Trunz, Erich: Goethes Werke, Bd. I. Hamburg: Wegner [5]1960

Trunz, Erich: Interpretation von Gryphius „Es ist alles eitel". – In: Benno von Wiese (Hrsg.): Die deutsche Lyrik, Bd. I. Düsseldorf: Bagel 1959, S. 145ff.

Trunz, Erich: Interpretation von Gryphius „Über die Geburt Jesu". – In: Benno von Wiese (Hrsg.): Die deutsche Lyrik, Bd. I, a.a.O., S. 133ff.

Urbanek, Walter: lyrische signaturen. zeichen und zeiten im deutschen gedicht. Bamberg: Buchner, 3. erw. Aufl. 1964

Vischer, Friedrich, Theodor: Die lyrische Poesie. – In: Deutsches Lesebuch, Bd. 3. Das 19. Jahrhundert, hrsg. von Walther Killy. Frankfurt: Fischer Bücherei 1970

Wuthenow, Ralph-Rainer: Zur Lyrik Stefan Georges. Zwei Gedichte aus dem Jahr der Seele. – In: Harald Hartung (Hrsg.): Gedichte und Interpretationen, Bd. 5. Stuttgart: Reclam 1983, S. 68ff.

Žmegač, Victor/Škreb, Zdenko/Sekulič, Ljerka: Kleine Geschichte der deutschen Literatur. Von den Anfängen bis zur Gegenwart. Frankfurt: Hirschgraben 1981

10 NAMENSVERZEICHNIS